Cuentos Puertorriqueños

Edited by
Robert L. Muckley
and
Eduardo E. Vargas
Inter American University
San Germán, Puerto Rico

Introduction by
Hernán LaFontaine
Superintendent
Hartford Public Schools

D0145087

and
Marco A. Hernández
Dean
Hostos Community College

Illustrated by
Jaime Carrero

National Textbook Company
NTC a division of *NTC Publishing Group* • Lincolnwood, Illinois USA

ACKNOWLEDGMENTS

We are grateful to all who helped in making this work possible. Our special thanks go to Ms. Miriam Colón Rivera and to the students of Mr. Vargas' Spanish classes at Inter American University for their opinions and suggestions regarding the choice of stories and the exercises.

We also appreciate the good will of the Puerto Rican authors who gave us permission to use their short stories. And a special thanks to Jaime Carrero who agreed to illustrate our text in addition to providing us with one of the most provocative short stories.

Finally we are all grateful to Mrs. Sylvia Fitzmaurice for the beautiful work she did in typing the manuscripts.

Robert L. Muckley
Eduardo E. Vargas

1995 Printing

Published by National Textbook Company, a division of NTC Publishing Group.
© 1985, 1974 by NTC Publishing Group, 4255 West Touhy Avenue.
Lincolnwood (Chicago), Illinois 60646-1975 U.S.A.

7 8 9 10 11 12 MAL 04 03 02 01

CONTENIDO

INTRODUCCION

Para los puertorriqueños que hemos estudiado la mayor parte del tiempo en nuestra tierra es una ardua tarea el hablar de nuestro pueblo a través de una literatura que no es autóctona del país. Por muchos años hemos encontrado la falta de representación de la literatura puertorriqueña en nuestras escuelas. Hoy vemos el gran vacío que existe en la enseñanza de la literatura hispánica—la falta de libros y materiales que representen la esencia puertorriqueña.

Uno de los propósitos fundamentales de esta colección es el de ofrecer a nuestros profesores y alumnos episodios y descripciones, personajes y escenas que representan la autenticidad de nuestro pueblo. Este compendio de obras seleccionadas recoge un mundo de escenas dramáticas, problemas reales y elementos trágicos que son reconocidos por nuestro pueblo. Los cuentos van dirigidos a aquellos estudiantes para quienes el español es la lengua materna y la cultura no es desconocida. Las situaciones y escenas descritas en éstos han formado parte de la vida diaria de muchos boricuas.

No es nuestra intención limitar este libro a un grupo seleccionado de lectores, la literatura puertorriqueña debe ser estudiada por todas aquellas personas que tengan un interés innato por nuestra cultura y nuestro idioma. En Puerto Rico el cuento ha sido cultivado de una manera más amplia que la novela y por eso el estudiante de nuestra cultura debe estudiar y ser expuesto a la variedad de temas que se presentan en esta obra. Encontramos en los cuentos temas que se pueden llamar netamente puertorriqueños y que son representados de una manera directa y sincera. Se puede notar que los autores han cruzado un poco la frontera regional en sus obras para incorporarse a las literaturas contemporáneas con el fin de ofrecer a sus lectores un sentido más universal. Esa característica única de los autores nos ofrece la oportunidad de observar al boricua desenvolviéndose en un ambiente universal y en situaciones que todo el mundo puede reconocer. A la misma vez nos hace ver que nuestra literatura da coherencia e identidad a un pueblo creativo y lleno de vida.

Debemos aclarar que estos cuentos de ninguna manera representan a todo el pueblo puertorriqueño. Algunos de estos presentan situaciones que para muchos lectores son inconcebibles aceptar porque son tragedias, desilusiones y brindan la posibilidad de ser interpretados de una forma errónea.

Como educadores podemos decir sin reservación alguna que es nuestra obligación reconocer el valor literario de un pueblo al que hasta ahora no se le ha otorgado su identidad. Es también responsabilidad nuestra el transmitir ese sentimiento a nuestros estudiantes para así despertar una conciencia literaria. Las obras aquí presentadas son el resultado de los talentos extraordinarios de unos autores puertorriqueños que a la misma vez son frutos de tal conciencia.

Como boricuas sabemos que este mundo existe. Esconderlo sería una falta; entenderlo y aceptarlo es necesario siempre en cuanto tengamos la esperanza, la dignidad y el orgullo del alma puertorriqueña.

Hernán LaFontaine

Marco A. Hernández

OBSERVACIONES SOBRE
LA ORTOGRAFIA

En los diálogos presentados en los siguientes cuentos, el estudiante debe tener presente que el autor procura reflejar fielmente el modo de hablar de sus personajes, el cual es a veces descuidado. Por lo tanto se emplea una ortografía a veces bastante apartada de la que se acepta como lo común. En las notas que acompañan los cuentos hemos creído conveniente a veces indicar cuál es la forma correcta de escribir determinada palabra o dar alguna explicación sobre su uso. Sin embargo, si el habla sigue una tendencia general, no lo señalamos siempre, limitándonos aquí a indicar cuales son esas tendencias. He aquí las más frecuentes:

1. *H* por *s* o *z* a final de sílaba, indicando una leve aspiración en la pronunciación. Así *creeh* (crees), *esperanzah* (esperanzas), *Mihma* (misma), *otra veh* (otra vez), *hahta que crehcas y te deh cuenta* (hasta que crezcas y te des cuenta). En la ortografía correcta, la *h* no aparece a final de palabra o delante de otra consonante.

2. Perdida de la *d* intervocálica o final. *Cuidao* (cuidado), *verá* (verdad). Cuando la *d* va entre dos vocales idénticas, la pérdida puede ocasionar la eliminación de toda una sílaba. Así, *to* (todo), *na* (nada), *aguantá* (aguantada).

3. *L* por *r* a final de sílaba. *Teltulia* (tertulia), *cael* (caer). No todas las eles finales son incorrectas, y a veces la diferencia entre *r* y *l* señala dos palabras distintas, como *mal* (contrario

de bien) y *mar* (el océano). El infinitivo (la forma verbal que se usa después de *quiero* o *puedo*) debe siempre terminar en *r* (no quiero *trabajar, venir, caer*).

4. Eliminación de una de dos vocales idénticas que van juntas, aunque pertenecen a palabras distintas. *Te dicho* (te he dicho), *la gente no deja uno* (deja a uno).

5. *I* por *e,* sobre todo cuando el sonido siguiente es *a*. El pecado *qui hah* cometido (que has cometido), *di aquí* (de aquí).

6. *Pa* por *para. Pa donde* (para donde). La eliminación de la última sílaba de *para* es muy común en el español conversacional en todas partes.

Cuentos puertorriqueños

Campeones

Pedro Juan Soto

[**Pedro Juan Soto (1928–   )** Aunque nació en Cataño, en Puerto Rico, en 1928, ha vivido mucho tiempo en Nueva York y conoce de cerca los problemas de la colonia puertorriqueña de la gran urbe. Se trasladó a Nueva York a los dieciocho años de edad para emprender estudios universitarios allí. Iba con intención de estudiar medicina pero su fascinación por la literatura hizo cambiar sus propósitos y empezó a escribir artículos para los periódicos hispanos de la ciudad. Terminado su bachillerato, era llamado al ejército, y luego, aprovechándose del programa federal de ayuda a veteranos, siguió sus estudios de literatura hasta lograr la maestría. A pesar de sus grados universitarios Soto realizó una cantidad de trabajos manuales en Nueva York antes de obtener un puesto de acuerdo a sus inclinaciones profesionales en la redacción de una revista. Y después de casi diez años en Nueva York, volvió a Puerto Rico para trabajar en la Unidad de Editorial de la División de Educación de la Comunidad, pasando luego a ser profesor de la Universidad de Puerto Rico. Volvió a los Estados Unidos para pasar un año como miembro del Puerto Rican Studies and Research Center of the State University of New York en su centro de Buffalo en 1970 pero en la actualidad se encuentra nuevamente enseñando literatura puertorriqueña y española en la Universidad de Puerto Rico.

Fruto de sus años en Nueva York es la colección de cuentos llamada *Spiks,* dos de los cuales presentamos aquí. De éstos, "Garabatos" ganó el segundo premio en el Certamen del Ateneo Puertorriqueño en 1953. Soto también ha escrito obras de teatro y novelas. Se incluyen entre éstas últimas, *Usmaíl, Ardiente suelo, Fría estación, El francotirador,* y *Temporada de duendes.*]

EL TACO° HIZO un último vaivén° sobre el paño verde, picó al mingo° y lo restalló° contra la bola quince. Las manos rollizas,° cetrinas,° permanecieron° quietas hasta que la bola hizo clop en la tronera° y luego alzaron el taco hasta situarlo diagonalmente frente al rostro ácnido° y fatuo:° el rizito envaselinado° estaba ordenadamente caído sobre la frente, la oreja atrapillaba el cigarrillo, la mirada era oblicua° y burlona,° y la pelusilla° del bigote había sido acentuada° a lápiz.

—¿Quiubo,° *men?*— dijo la voz aguda. —Ese sí fue un tiro de campión, ¿eh?

Se echó a reír entonces. Su cuerpo chaparro,° grasiento, se volvió una mota alegremente tembluzca° dentro de los ceñidos mahones° y la camiseta sudada.

Contemplaba a Gavilán —los ojos demasiado vivos no parecían tan vivos ya, la barba de tres días pretendía enmarañar° el malhumor del rostro y no lo lograba, el cigarrillo cenizoso

---

taco   palo que se usa para pegarle a una bola de billar
vaivén   que va y viene *(back and forth movement)*
picó al mingo   le dio a la bola blanca
restalló   pegó fuertemente
rollizas   gordas
cetrinas   pálidas
permanecieron   se quedaron
tronera   hueco donde caen las bolas
rostro ácnido   cara con acne
fatuo   *vain*

rizito envaselinado   el pelo con mucha vaselina
oblicua   no de frente
burlona   *mocking*
pelusilla   vello fino *(fuzz)*
acentuada   reforzada
¿Quiubo?   ¿Qué hubo? ¿Qué pasa?
cuerpo chaparro   cuerpo bajo y gordo
se volvió una mota . . . tembluzca   *turned into a quivering bundle*
ceñidos mahones   pantalones "bluejeans" muy pegados
enmarañar   esconder

6 *Pedro Juan Soto*

mantenía cerrados los labios detrás de los cuales nadaban las palabrotas— y disfrutaba° de la hazaña perpetrada.° Le había ganado dos mesas corridas. Cierto que Gavilán había estado seis meses en la cárcel, pero eso no importaba ahora. Lo que importaba era que había perdido dos mesas° con él, a quien estas victorias colocaban° en una posición privilegiada. Lo ponían sobre los demás, sobre los mejores jugadores del barrio y sobre los que le echaban en cara la inferioridad de sus dieciséis años —su "nenura"—° en aquel ambiente. Nadie podría ahora despojarle° de su lugar en Harlem. Era *el nuevo,* el sucesor de Gavilán y los demás individuos respetables. Era igual . . . No. Superior, por su juventud: tenía tiempo y oportunidades para sobrepasar todas las hazañas de ellos.

Tenía ganas de salir a la calle y gritar: "¡Le gané dos mesas corridas a Gavilán! ¡Digan ahora! ¡Anden y digan ahora!" No lo hizo. Tan sólo entizó su taco y se dijo que no valía la pena. Hacía sol afuera, pero era sábado y los vecinos andarían por el mercado a esta hora de la mañana. No tendría más público que chiquillos mocosos° y abuelas desinteresadas. Además, cierta humildad era buena característica de campeones.

Recogió la peseta que Gavilán tiraba sobre el paño y cambió una sonrisa ufana° con el coime° y los tres espectadores.

—Cobra lo tuyo— dijo al coime, deseando que algún espectador se moviera hacia las otras mesas para regar la noticia, para comentar cómo él —Puruco, aquel chiquillo demasiado gordo, el de la cara barrosa y la voz cómica— había puesto en ridículo al gran Gavilán. Pero, al parecer, estos tres esperaban otra prueba.

Guardó sus quince centavos y dijo a Gavilán, que se secaba su demasiado sudor de la cara:

—¿Vamos pa la otra?

—Vamoh— dijo Gavilán, cogiendo de la taquera° otro taco para entizarlo° meticulosamente.

---

disfrutaba gozaba
hazaña perpetrada lo que había hecho
mesas partidos
colocaban situaban
nenura hecho de ser demasiado joven o niño

despojarle quitarle
chiquillos mocosos niños demasiado jóvenes
ufana orgullosa
coime empleado en salón de billar
taquera donde se guardan los tacos
entizarlo ponerle tiza al taco

El coime desenganchó° el triángulo e hizo la piña° de la próxima tanda.°

Rompió Puruco, dedicándose en seguida a silbar y a pasearse alrededor de la mesa elásticamente, casi en la punta de las tenis. Gavilán se acercó al mingo con su pesadez° característica y lo centró, pero no picó todavía. Simplemente alzó la cabeza peludísima, dejando el cuerpo inclinado sobre el taco y el paño, para decir:

—Oye, déjame el pitito.°

—Okey, *men*— dijo Puruco, y batuteó° su taco hasta que oyó el tacazo de Gavilán y volvieron a correr y a chasquear las bolas.° Ninguna se entroneró.°

—Ay, bendito— rió Puruco. —Si lo tengo muerto a ehte hombre.

Picó hacia la uno, que se fue y dejó a la dos enfilada hacia la tronera izquierda. También la dos se fue.° El no podía dejar de sonreír hacia uno y otro rincón del salón. Parecía invitar a las arañas, a las moscas, a los boliteros° dispersos entre la concurrencia de las demás mesas, a presenciar esto.

Estudió cuidadosamente la posición de cada bola. Quería ganar esta otra mesa también, aprovechar la reciente lectura del libro de Willie Hoppe y las prácticas de todos aquellos meses en que había recibido la burla de sus contrincantes.° El año pasado no era más que una chata;° ahora comenzaba la verdadera vida, la de campeón. Derrotado° Gavilán, derrotaría a Mamerto y al Bimbo . . . "¡Abranle paso a Puruco!," dirían los conocedores. Y él impresionaría a los dueños de billares, se haría de buenas conexiones. Sería guardaespaldas° de algunos y amigo íntimo de otros. Tendría cigarrillos y cerveza gratis. Y mujeres, no chiquillas estúpidas que andaban siempre con miedo y que no iban más allá de algún apretujón en el cine. De ahí, a la fama:

desenganchó bajó de la taquera	**la dos se fue** la bola dos cayó en la tronera
la piña triángulo formado por las bolas al empezar el partido	**los boliteros** personas que venden lotería ilegal
la próxima tanda el próximo partido	**contrincantes** oponentes
pesadez lentitud de movimientos	**una chata** persona joven de poca importancia
pitito silbido (*whistle*)	**derrotado** habiéndole ganado
batuteó *twirled*	**guardaespaldas** persona pagada para proteger a otra
chasquear las bolas rebotar de bolas entre sí	
se entroneró cayó en el hueco	

el macho del barrio, el individuo indispensable para cualquier asunto —la bolita, el tráfico de narcóticos, la hembra de Riverside Drive de paseo por el barrio, la pelea de esta pandilla con la otra para resolver "cosas de hombres."

Con un pujido° pifió° la tres y maldijo.° Gavilán estaba detrás de él cuando se dio vuelta.

—¡Cuidado con echarme fufú!°— dijo encrespándose.° Y Gavilán:

—Ay, deja eso.

—No, no me vengah con eso, *men*. A cuenta que estáh perdiendo.

Gavilán no respondió. Centró al mingo a través del humo que le arrugaba las facciones° y lo disparó para entronear dos bolas en bandas contrarias.

—¿Lo ve?— dijo Puruco, y cruzó los dedos para salvaguardarse.°

—¡Cállate la boca!

Gavilán tiró a banda,° tratando de meter la cinco, pero falló. Puruco estudió la posición de su bola y se decidió por la tronera más lejana° pero más segura. Mientras centraba, se dio cuenta de que tendría que descruzar los dedos. Miró a Gavilán con suspicacia° y cruzó las dos piernas para picar. Falló el tiro.

Cuando alzó la vista, Gavilán sonreía y se chupaba la encía superior° para escupir su piorrea. Ya no dudó de que era víctima de un hechizo.°

—No relaje, *men*. Juega limpio.

Gavilán lo miró extrañado, pisando el cigarrillo distraídamente.

—¿Qué te pasa a ti?

—No— dijo Puruco, —que no sigah con ese bilongo.°

—¡Adió!— rió Gavilán. —Si éhte cree en brujoh.

Llevó el taco atrás de su cintura, amagó una vez, y entroneró

---

pujido sonido vocal de esfuerzo
pifió *missed*
maldijo pretérito de maldecir
  (he cursed)
echarme fufú *put a curse on me*
encrespándose un poco molesto
le arrugaba las facciones *made his face wrinkle*
salvaguardarse para buena suerte

tiró a banda rebotó la bola de un lado de la mesa para pegarle a otra
más lejana que estaba más lejos
suspicacia falta de confianza
la encía superior *the upper gum*
un hechizo brujería *(a curse)*
no siga con ese bilongo no siga con esa brujería

fácilmente. Volvió a entronerar en la próxima. Y en la otra. Puruco se puso nervioso. O Gavilán estaba recobrando su destreza, o aquel bilongo le empujaba el taco. Si no sacaba mas ventaja, Gavilán ganaría esta mesa.

Entizó su taco, tocó madera tres veces, y aguardó turno. Gavilán falló su quinto tiro. Entonces Puruco midió distancia. Picó metiendo la ocho. Hizo una combinación para entronerar la once con la nueve. La nueve se fue luego. Caramboleó° la doce a la tronera y falló luego la diez. Gavilán también la falló. Por fin logró Puruco meterla, pero para la trece casi rasga el paño. Sumó mentalmente. No le faltaban más que ocho tantos, de manera que podía calmarse.

Pasó el cigarrillo de la oreja a los labios. Cuando lo encendía de espaldas a la mesa para que el abanico no apagara el fósforo, vio la sonrisa socarrona del coime. Se volteó rápidamente y cogió a Gavilán *in fraganti:*° los pies levantados del piso mientras el cuerpo se ladeaba° sobre la banda para hacer fácil el tiro. Antes de que pudiera hablar, Gavilán había entronerado la bola.

—¡Oye, *men!*

—¿Qué pasa?— dijo Gavilán tranquilamente, ojeando el otro tiro.

—¡No me vengah con eso, chico! Así no me ganah.

Gavilán arqueó° una ceja para mirarlo, y aguzó el hocico mordiendo el interior de la boca.

—¿Qué te duele?— dijo.

—No, que así no— abrió los brazos Puruco, casi dándole al coime con el taco. Tiró el cigarrillo violentamente y dijo a los espectadores: —Uhtedeh lo han vihto, ¿veldá?

—¿Vihto qué?— dijo, inmutable, Gavilán.

—Na, la puercá° esa— chillaba Puruco. —¿Tú te creh que yo soy bobo?

—Adióh, cará—° rió Gavilán. —No me pregunteh a mí, porque a lo mejol te lo digo.

Puruco dio con el taco sobre una banda de la mesa.

—A mí me tieneh que jugar limpio. No te conformah con

caramboleó   le pegó a la bola doce
  con otra bola
in fraganti   en el acto, haciendo
  trampas

se ladeaba   se pegaba de lado
arqueó   *arched*
puercá   puercada, jugada sucia
cará   caray (expletivo)

hacerme cábala° primero, sino que dehpuéh te meteh hacer trampa.

—¿Quién hizo trampa?— dijo Gavilán. Dejó el taco sobre la mesa y se acercó sonriendo a Puruco. —¿Tú diceh que yo soy tramposo.

—No— dijo Puruco, cambiando de tono, aniñando la voz, vacilando sobre sus pies.° —Pero eh qui así no se debe jugar, *men*. Si ti han vihto.

Gavilán se viró hacia los otros.

—¿Yo he hecho trampa?

Sólo el coime sacudió la cabeza. Los demás no dijeron nada, cambiaron la vista.

—Pero si ehtabah encaramao en la mesa, *men*— dijo Puruco.

Gavilán le empuñó° la camiseta como sin querer, desnudándole la espalda fofa cuando lo atrajo hacia él.

—A mí nadie me llama tramposo.

En todas las otras mesas se había detenido el juego. Los demás observaban desde lejos. No se oía más que el zumbido del abanico y de las moscas, y la gritería de los chiquillos en la calle.

—¿Tú te creeh qui un pilemielda° como tú me va llamar a mí tramposo?— dijo Gavilán, forzando sobre el pecho de Puruco el puño que desgarraba° la camiseta. —Te dejo ganar doh mesitah pa que tengas de qué echartelah, y ya te creeh rey. Echa p'allá, infelih— dijo entre dientes. —Cuando crehcas noh vemo.

El empujón lanzó a Puruco contra la pared de yeso, donde su espalda se estrelló de plano. El estampido llenó de huecos el silencio. Alguien rió, jijeando.° Alguien dijo: "Fanfarrón° que es."

—Y lárgate di aquí anteh que te meta tremenda patá— dijo Gavilán.

—Okey, *men*— tartajeó° Puruco, dejando caer el taco.

Salió sin atreverse a alzar la vista, oyendo de nuevo tacazos en las mesas, risitas. En la calle tuvo ganas de llorar, pero se resistió. Eso era de mujercitas. No le dolía el golpe recibido; más

---

cábala brujería	**desgarraba** rompía, hacía pedazos
vacilando sobre sus pies sin estar firmemente parado	**jijeando** riéndose con el sonido de ji-ji-ji
le empuñó le agarró	**fanfarrón** persona que se da mucha importancia *(braggart)*
pilemielda "pila de mierda," persona que no sirve para nada	**tartajeó** balbuceó

le dolía lo otro: aquel "cuando crehcas noh vemo." El era un hombre ya. Si le golpeaban, si lo mataban, que lo hicieran olvidándose de sus dieciséis años. Era un hombre ya. Podía hacer daño, mucho daño, y también podía sobrevivir a él.

Cruzó a la otra acera pateando furiosamente una lata de cerveza, las manos pellizcando, desde dentro de los bolsillos, su cuerpo clavado a la cruz de la adolescencia.

Le había dejado ganar dos mesas, decía Gavilán. Embuste. Sabía que las perdería todas con él, de ahora en adelante, con el nuevo campeón. Por eso la brujería, por eso la trampa, por eso el golpe. Ah, pero aquellos tres individuos regarían la noticia de la caída de Gavilán. Después Mamerto y el Bimbo. Nadie podía detenerla ahora. El barrio, el mundo entero, iba a ser suyo.

Cuando el aro del barril se le enredó entre las piernas, lo pateó a un lado. Le dio un manotazo al chiquillo que venía a recogerlo.

—Cuidao, *men,* que te parto un ojo— dijo iracundo.

Y siguió andando, sin preocuparse de la madre que le maldecía y corría hacia el chiquillo lloroso. Con los labios apretados, respiraba hondo. A su paso, veía caer serpentinas° y llover vítores° de las ventanas desiertas y cerradas.

Era un campeón. Iba alerta sólo al daño.

serpentinas   papel rizado que se usa   **vítores**   aplausos
en los desfiles o fiestas

Preguntas sobre contenido

Preguntas orales:

1. ¿Qué jugaban?
2. Describa a Puruco.
3. ¿Quién era Gavilán?
4. ¿Dónde había estado y por cuánto tiempo?
5. ¿Cuántas veces le había ganado ya Puruco a Gavilán?
6. ¿Por qué no salía afuera a gritar que le había ganado a Gavilán?
7. ¿Cuánto costaba jugar "una mesa"?
8. ¿Quién era el que preparaba las bolas para cada partido?
9. Además de Gavilán, ¿a quién más le tenía que ganar para poder declararse "campeón"?
10. ¿Qué quería decir Puruco con que no le echara un fufú?

11. ¿Cuál fue la trampa que le hizo Gavilán?
12. ¿Por qué no siguió jugando Puruco?
13. ¿Cuántos años tenía Puruco?
14. ¿A quién le pegó Puruco cuando iba caminando?
15. Según Puruco, ¿por qué era él campeón?

Ejercicios creativos

Preguntas para motivar discusiones o para
servir de base a composiciones cortas:

1. ¿Por qué no querían aceptar los espectadores la derrota de Gavilán como algo definitivo? ¿Qué tan difícil es establecer o destrozar la reputación de un hombre como Gavilán? ¿Cree usted que su reputación se basara únicamente en su habilidad de jugar billar?

2. ¿Por qué no respaldaron los espectadores a Puruco cuando éste cogió a Gavilán haciendo trampa? ¿Considera usted natural esto?

3. ¿Cómo pensaba Puruco que su triunfo sobre Gavilán lo ayudaría? ¿Tendría razón en esto? ¿Es el mejor camino al triunfo el destacarse en algo específico? Compare el caso de Puruco con el de Frank Hernández. Compárelo con el caso de Roberto Clemente.

4. ¿Mereció Puruco ganarle a Gavilán? Es decir, ¿fue cuestión de buena suerte, o realmente era mejor jugador que Gavilán? Explique.

5. Asumiendo una contestación afirmativa a la pregunta anterior (que no es de ninguna manera obligatoria), ¿hubiera sido más prudente de parte de Puruco pasar por alto la trampa de Gavilán, o inclusive dejarse ganar una mesa, para que la humillación de Gavilán no fuera tanta ni tan repentina, y para que la gente del barrio tuviera tiempo para hacerse a la idea del eclipse de Gavilán y a que él, Puruco, pudiera ocupar su lugar?

6. ¿Considera usted saludable la actitud de Puruco, después que Gavilán lo echa del salón?

Garabatos

Pedro Juan Soto

1

L RELOJ marcaba las siete y él despertó por un instante. Ni su mujer estaba en la cama, ni sus hijos en el camastro.° Sepultó la cabeza bajo la almohada para ensordecer el escándalo que venía desde la cocina. No volvió a abrir los ojos hasta las diez, obligado ahora por las sacudidas° de Graciela.

Aclaró la vista estregando° los ojos chicos y removiendo las lagañas,° sólo para distinguir el cuerpo ancho de su mujer plantado frente a la cama, en aquella actitud desafiante. Oyó la voz estentórea° de ella, que parecía brotar directamente del ombligo.°

—¡Qué! ¿Tú piensah seguil echao toa tu vida? Parece que la mala barriga te ha dao a ti.° Sin embalgo, yo calgo el muchacho.

Todavía él no la miraba a la cara. Fijaba la vista en el vientre° hinchado, en la pelota de carne que crecía diariamente y que amenazaba romper el cinturón de la bata.

---

camastro   cama de mala calidad
sacudidas   el acto de sacudir *(shake)*
estregando   frotando
lagañas   materia que se acumula en los ojos después de dormir
estentórea   alta, fuerte (con referencia a voces o sonidos)

ombligo   cicatriz redonda en el centro del vientre *(navel)*

Parece . . . a ti   Parece que tú eres el que sufres de la barriga, o abdómen

vientre   estómago

15

—¡Acaba de levantalte, condenao! ¿O quiereh que te eche agua?

El vociferó° a las piernas abiertas y a los brazos en jarra,° al vientre amenazante, al rostro enojado:

—¡Me levanto cuando me salga di adentro y no cuando uhté mande! ¡Adiós! ¿Qué se cree uhté?

Retornó la cabeza a las sábanas, oliendo las manchas de brillantina° en la almohada y el sudor pasmado° de la colcha.

A ella le dominó la masa inerte° del hombre: la amenaza latente en los brazos quietos, la semejanza del cuerpo al de un lagartijo° enorme.

Ahogó los reproches° en un morder de labios y caminó de nuevo hacia la cocina, dejando atrás la habitación donde chisporroteaba,° sobre el ropero, la vela ofrecida a San Lázaro. Dejando atrás la palma bendita del último Domingo de Ramos y las estampas religiosas que colgaban de la pared.

Era un sótano donde vivían. Pero aunque lo sostuviera° la miseria, era un techo sobre sus cabezas. Aunque sobre ese techo patearan y barrieran otros inquilinos,° aunque por las rendijas lloviera basura, ella agradecía a sus santos tener donde vivir. Pero Rosendo seguía sin empleo. Ni los santos lograban emplearlo. Siempre en las nubes, atento más a su propio desvarío que a su familia.

Sintió que iba a llorar. Ahora lloraba con tanta facilidad. Pensando: *Dios Santo si yo no hago más que parir y parir como una perra y este hombre no se preocupa por buscar trabajo porque prefiere que el gobierno nos mantenga por correo mientras él se la pasa por ahí mirando a los cuatro vientos° como Juan Bobo y diciendo que quiere ser pintor.*

Detuvo el llanto apretando los dientes, cerrando la salida de las quejas que pugnaban por hacerse grito.° Devolviendo llanto

---

vociferó   gritó
los brazos en jarra   con los brazos apoyados en las caderas
brillantina   ungüento para el pelo
sudor pasmado   el olor a sudor que se queda
inerte   inmóvil
lagartijo   *lizard*
reproches   quejas
chisporroteaba   ardía pero con ruido,

como queriendo apagarse *(sputtered)*
sostuviera   del verbo sostener; sostuviera: conservara
inquilinos   gente que alquila un apartamento *(tenants)*
mirando a los cuatro vientos   sin hacer nada
pugnaban por hacerse grito   que estaban a punto de convertirse en grito

y quejas al pozo de los nervios, donde aguardarían a que la histeria les abriera cauce° y les transformara en insulto para el marido, o nalgada para los hijos, o plegaria° para la Virgen del Socorro.

Se sentó a la mesa, viendo a sus hijos correr por la cocina. Pensando en el árbol de Navidad que no tendrían y los juguetes que mañana habrían de envidiarle a los demás niños. *Porque esta noche es Nochebuena y mañana es Navidad.*

—¡Ahora yo te dihparo y tú te caeh muelto!

Los niños jugaban bajo la mesa.

—Neneh, no hagan tanto ruido, bendito. . .

—¡Yo soy Chen Otry!°— dijo el mayor.

—¡Y yo Palón Casidí!°

—Neneh, que tengo dolol de cabeza, por Dioh. . .

—¡Tú no ereh Palón na! ¡Tú ereh el pillo y yo te mato.

—¡No! ¡Maaamiii!

Graciela torció el cuerpo y metió la cabeza bajo la mesa para verlos forcejear.°

—¡Muchachos, salgan de ahí! ¡Maldita sea mi vida! RO- SENDO ACABA DE LEVANTALTE!

Los chiquillos corrían nuevamente por la habitación; gritando y riendo uno, llorando otro.

—¡ROSENDO!

2

Rosendo bebía el café sin hacer caso de los insultos de la mujer.

—¿Qué piensah hacer hoy, buhcal trabajo o seguil por ahí de bodega en bodega y de bar en bar, dibujando a to esoh vagoh?

El bebía el café del desayuno, mordiéndose los labios distraída- mente, fumando entre sorbo° y sorbo su último cigarrillo. Ella

---

a que la histeria les abriera cauce
  a que la histeria les abriera un
  camino o un canal
plegaria oración *(prayer)*
Chen Otry *Gene Autry*
Palón Casidí *Hopalong Cassidy;*

actores que hacían el papel de
vaqueros *(cowboys)* héroes en las
películas de los años 40 y 50
forcejear pelear, usando las manos
  y fuerza
sorbo trago *(sip)*

daba vueltas alrededor de la mesa, pasándose la mano por encima del vientre para detener los movimientos del feto.°

—Seguramente iráh a la teltulia de loh caricortaoh° a jugar alguna peseta prehtá, creyéndote que el maná° va a cael del cielo hoy.

—Déjame quieto, mujer. . .

—Sí, siempre eh lo mihmo: déjame quieto! Mañana eh Crihmah y esoh muchachoh se van a quedal sin jugueteh.

—El día de Reyeh en enero. . .

—A Niu Yol no vienen loh Reyeh. ¡A Niu Yol viene Santa Cloh!

—Bueno, cuando venga el que sea, ya veremoh.

—¡Ave María Purísima, qué padre, Dioh mío! ¡No te preocupan na máh que tuh garabatoh! ¡El altihta! ¡Un hombre viejo como tú!

Se levantó de la mesa y fue al dormitorio, hastiado° de oír a la mujer. Miró por la única ventana. Toda la nieve caída tres días antes estaba sucia. Los automóviles habían aplastado y ennegrecido° la del asfalto. La de las aceras había sido hollada° y orinada por hombres y perros. Los días eran más fríos ahora porque la nieve estaba allí, hostilmente presente, envilecida,° acomodada en la miseria. Desprovista° de toda la inocencia que trajo en primer día.

Era una calle lóbrega,° bajo un aire pesado, en un día grandiosamente opaco.°

Rosendo se acercó al ropero para sacar de una gaveta un envoltorio de papeles. Sentándose en el alféizar,° comenzó a examinarlos. Allí estaban todas las bolsas de papel que él había recogido para romperlas y dibujar. Dibujaba de noche, mientras la mujer y los hijos dormían. Dibujaba de memoria los rostros borrachos, los rostros angustiados de la gente de Harlem: todo lo visto y compartido en sus andanzas del día.

---

feto   niño sin nacer *(fetus)*
caricortaoh   (caricortados) los que tienen la cara cortada, es decir, gente inútil, perezosa
el maná   según el relato bíblico, un alimento como pan que caía del cielo para el pueblo israelí mientras éste vagaba por el desierto
hastiado   fastidiado, cansado

ennegrecido   vuelto negro *(blackened)*
hollada   pisada *(stepped on)*
envilecida   vuelta vil *(made vile)*
desprovista   ya le habían quitado *(deprived)*
lóbrega   oscura, que inspira misterio
opaco   con poca luz *(opaque)*
alféizar   borde (donde se ajusta la puerta) de la ventana

Graciela decía que él estaba en la segunda infancia. Si él se ausentaba de la mujer quejumbrosa y de los niños llorosos, explorando en la Babia imprecisa° de sus trazos a lápiz, la mujer rezongaba° y se mofaba.°

Mañana era Navidad y ella se preocupaba porque los niños no tendrían juguetes. No sabía que esta tarde él cobraría diez dólares por un rótulo hecho ayer para el bar de la esquina. El guardaba esa sorpresa para Graciela. Como también guardaba la sorpresa del regalo de ella.

Para Graciela él pintaría un cuadro. Un cuadro que resumiría° aquel vivir juntos, en medio de carencias° y frustraciones. Un cuadro con un parecido melancólico a aquellas fotografías tomadas en las fiestas patronales° de Bayamón. Las fotografías del tiempo del noviazgo,° que formaban parte del álbum de recuerdos de la familia. En ellas, ambos aparecían recostados contra un taburete° alto, en cuyo frente se leía "Nuestro Amor" o "Siempre Juntos." Detrás estaba el telón con las palmeras° y el mar y una luna de papel dorado.

A Graciela le agradaría, seguramente, saber que en la memoria de él no había muerto nada. Quizás después no se mofaría más de sus esfuerzos.

Por falta de materiales, tendría que hacerlo en una pared y con carbón. Pero sería suyo, de sus manos, hecho para ella.

3

A la caldera del edificio iba a parar toda la madera vieja e inservible que el superintendente traía de todos los pisos. De allí sacó Rosendo el carbón que necesitaba. Luego anduvo por el sótano buscando una pared. En el dormitorio no podía ser.

---

imprecisa no precisa, no exacta
rezongaba se quejaba
se mofaba se burlaba
resumiría presentaría de forma breve
  y precisa
carencias escasez, pobreza
fiestas patronales Cada pueblo en
  Puerto Rico celebra cada año fiestas
en honor del santo patrón del
pueblo. Estas pueden durar unos
normalmente diez días o dos
semanas con actividades culturales
y carnavalescas.
noviazgo período de ser novios
taburete para recostarse o inclinarse
palmeras *palm trees*

Graciela no permitiría que él descolgara sus estampas y sus ramos.

La cocina estaba demasiado resquebrada° y mugrienta.°

Escogió el cuarto de baño por fuerza. Era lo único que quedaba.

—Si necesitan ir al cuarto de baño— dijo a su mujer, —aguántesen o usen la ehcupidera.° Tengo que arreglar unoh tuboh.

Cerró la puerta y limpió la pared de clavos y telarañas. Bosquejó° su idea: un hombre a caballo, desnudo y musculoso, que se inclinaba para abrazar a una mujer desnuda también, envuelta en una melena negra que servía de origen a la noche.

Meticulosamente, pacientemente, retocó repetidas veces los rasgos° que no le satisfacían. Al cabo de unas horas, decidió salir a la calle a cobrar sus diez dólares, a comprar un árbol de Navidad y juguetes para sus hijos. De paso, traería tizas de colores del "candy store." Este cuadro tendría mar y palmeras y luna. Y colores, muchos colores. Mañana era Navidad.

Graciela iba y venía por el sótano, corrigiendo a los hijos, guardando ropa lavada, atendiendo a las hornillas encendidas.

El vistió su abrigo remendado.

—Voy a buhcal un árbol pa loh muchachoh. Don Pedro me debe dieh pesoh.

Ella le sonrió, dando gracias a los santos por el milagro de los diez dólares.

4

Regresó de noche al sótano, oloroso a whisky y a cerveza. Los niños se habían dormido ya. Acomodó el árbol en un rincón de la cocina y rodeó el tronco con juguetes.

Comió el arroz con frituras, sin tener hambre, pendiente más de lo que haría luego. De rato en rato, miraba a Graciela, buscando en los labios de ella la sonrisa que no llegaba.

---

resquebrada con grietas *(cracks)* en las paredes
mugrienta sucia
ehcupidera (escupidera) recipiente para escupir *(spit)*
bosquejó *he sketched*
rasgos *features*

Retiró la taza quebrada° que contuvo el café, puso las tizas sobre la mesa, y buscó en los bolsillos el cigarrillo que no tenía.

—Esoh muñecoh loh borré.

El olvidó el cigarillo.

—¿Ahora te dio por pintal suciedadeh?

El dejó caer la sonrisa en el abismo° de su realidad.°

—Ya ni velgüenza tieneh. . .

Su sangre se hizo agua fría.

— . . . obligando a tus hijoh a fijalse en porqueríah, en indecenciah. . . Loh borré y si acabó y no quiero que vuelva sucedel.

Quiso abofetearla pero los deseos se le paralizaron en algún punto del organismo, sin llegar a los brazos, sin hacerse furia descontrolada en los puños.

Al incorporarse de la silla, sintió que todo él se vaciaba por los pies. Todo él había sido estrujado por un trapo de piso y las manos de ella le habían exprimido fuera del mundo.

Fue al cuarto de baño. No quedaba nada suyo. Sólo los clavos, torcidos y mohosos, devueltos a su lugar. Sólo las arañas vueltas a hilar.°

Aquella pared no era más que la lápida ancha y clara de sus sueños.

quebrada rota	**de su realidad**
abismo profundidad grande	**las arañas vueltas a hilar** las arañas
el abismo de su realidad infierno	que volvían a hacer telarañas

---

Preguntas sobre contenido

Preguntas orales:

1. ¿Dónde vivían Graciela y Rosendo?
2. ¿Qué día del año era?
3. Según Graciela, ¿quiénes no vienen a Nueva York?
4. ¿Cuáles eran las dos sorpresas que Rosendo guardaba para Graciela?
5. ¿Dónde pintó el cuadro?
6. ¿Con qué lo pintó?
7. ¿Por qué sonrió Graciela cuando salía Rosendo?
8. ¿Qué compró Rosendo?
9. ¿Cuándo regresó Rosendo?

10. ¿Qué no quería Graciela que volviera a suceder?
11. ¿Qué quiso hacer Rosendo?
12. ¿Qué vio después en el baño?

Ejercicios creativos

*Preguntas para motivar discusiones o para
servir de base a composiciones cortas:*

1. ¿Cuál circunstancia agrandaba el malestar de Graciela?

2. ¿Hubieran vivido mejor Graciela y Rosendo si no hubiesen tenido hijos?

3. ¿Es que los problemas de Rosendo y Graciela son de índole puramente económico?

4. Si fuera usted consejero matrimonial, ¿cómo aconsejaría a Rosendo y a Graciela?

5. ¿Cuál de los dos se adaptaba mejor a las circunstancias?

6. Se describe con muchos detalles el ambiente físico y el estado del tiempo. ¿Cómo sirven de fondo éstos para el estado de ánimo de los personajes principales?

7. ¿Cuáles razones podría haber tenido el autor para situar la acción en temporada de Navidad? ¿Sería más o menos justificable la actitud de Graciela al final si tuviera lugar la acción en otra época del año — en su aniversario de bodas, por ejemplo?

8. ¿Hubiera tenido más éxito Rosendo con su plan de regalarle un cuadro a Graciela si hubiese pintado algo menos abstracto — algo que ella podía interpretar bien y que no hubiera podido considerar una "indecencia"?

9. ¿Es necesario, o conveniente, que la esposa de un artista sea también artista?

10. ¿Tiene importancia el hecho de que el artista sea pintor? Es decir, ¿hubiera podido ser idéntico el problema tratándose de un poeta, novelista o músico?

11. Aunque no sabemos el sitio exacto donde viven Rosendo y su familia, hay referencia a "la gente de Harlem." En el cuento de Braschi, "Una oración bajo la nieve" se indica claramente que el protagonista vive en Greenwich Village. ¿Es importante el hecho de que Rosendo *no* vive en Greenwich Village?

Una oración bajo la nieve

Wilfredo Braschi

[**Wilfredo Braschi (1918–)** Nacido en Nueva York en 1918 de padres puertorriqueños, llegó a Puerto Rico de niño y hizo sus estudios primarios y secundarios en Santurce.

Se ha dedicado mayormente al periodismo, siendo esta dedicación de tradición familiar, pues su padre y su abuelo habían sido destacados periodistas. Ha sido editorialista del periódico ya desaparecido, *La Democracia* (desde 1938 hasta 1947) y de *El Mundo* (1958-59). También ha sido columnista sobre temas de política internacional por varios años. Actualmente continúa preparando colaboraciones para la prensa diaria y es comentarista de radio sobre temas internacionales y locales. Otro campo en que se ha destacado son las relaciones públicas. Ha sido director de relaciones públicas del Departamento de Agricultura como también del Departamento de Instrucción Pública. Actualmente es miembro de la Facultad de Ciencias Sociales de la Universidad de Puerto Rico, y ha publicado un libro de texto *Nuevas Relaciones Públicas.*

Es interesante notar que Braschi inició sus estudios universitarios tarde, obteniendo su Bachillerato en Artes de la Facultad de Humanidades de la Universidad de Puerto Rico en 1950. Continuó hasta conseguir su Maestría en Arte en 1952 del Departamento de Estudios

Hispánicos de la misma institución, y luego fue a España, doctorándose en Filosofía y Letras en la Universidad Central de Madrid en 1954.

Ha sido ganador de varios premios, algunos de ellos del Instituto de Literatura Puertorriqueña, el que le premió por *Cuatro Caminos,* un libro ameno de crónicas de viaje. Y la Fundación Reid, patrocinada por el ya extinto *New York Herald Tribune,* le concedió su premio consistente en una beca de $5,000 para viajar y estudiar el desarrollo del periodismo en Inglaterra, España y Francia.

El cuento que aquí presentamos forma parte de una colección *Metrópoli* —viñetas de la vida en las grandes ciudades.]

EN AQUELLOS días se hallaba tan pobre que apenas salía a la calle. Cuando aventuraba el pie fuera de la casa, nervioso como las ratas, le empujaba una razón de peso: el hambre.

Allí en su buhardilla° de Greenwich Village se sentía un agradable calor. Por la ventana sucia, con una mugre° casi histórica, miraba los adoquines° y las aceras que jugaban a esconderse bajo la nieve.

Como un niño castigado se pegaba a la pequeña vitrina de su mirador. Abajo los peatones° dejaban huellas de lodo que parecían de sangre vistas desde arriba. Luego los copos° iban borrándolas. Y el suelo venía a ser un gran papel de crepé blanco.

De pronto escuchó pasos en la escalera. Y una voz gutural llamando:

—Mr. Gómez! Mr. Gómez! I wanna tell you one thing! You must pay working at the cellar! Hear me?

Repasaba su compromiso con Mrs. Bally. El acuerdo era sencillo. Si no pagaba tenía que bajar al sótano y pasarse las horas echando carbón a la caldera del edificio.

---

buhardilla   apartamento pequeño
mugre   suciedad
adoquines   *paving stones*

peatones   personas que caminan por la calle
copos   *snowflakes*

Sacando la cabeza de su tibio refugio respondió:

—¡Está bien, está bien! ¡Ya mismo voy!

Sin entenderle, Mrs. Bally le interrogó mostrando sus dientes paletudos, rellenos de oro:

—What the hell are you saying?

Gómez se excusó:

—Pardon me, pardon me, Mrs. Bally. I was just speaking my own language!

La implacable Mrs. Bally se hundió en el hueco de la escalera. Antulio Gómez la siguió con la vista. El moño postizo de la patrona bailoteaba mientras sus chancletas iban marcando un monótono compás.

* * *

Dura faena° la de lanzar paletadas de carbón de piedra a la insaciable° caldera. Después de la intensa labor, los brazos le dolían. Las manos le ardían. Y un agrio sabor bituminoso se le apoderaba del paladar.

Siempre que concluía su labor de carbonero se asomaba a la tronera° de su cuartucho. Por la empañada mirilla contemplaba su Nueva York, su Greenwich Village. En la gente que pasaba sorprendía la imagen de sí mismo, como si aquellas existencias transeúntes° fueran jirones° de su propia vida.

No podía sustraerse a la meditación. Rememoraba sus días allá en la isla. Y pasaba revista a sus actividades en la metrópoli.

A propósito de su último empleo en la urbe. ¿Dónde se metía su patrono Jacobo Baulman? El semita° le daba a ganar, muy a menudo, algunos dólares.

Pintoresco tipo el judío Baulman. Empresario de pompas fúnebres, gustaba rodearse de bohemios. Debajo de su negro hongo se ocultaba un sentimental.

Antulio trabó amistad con él en las más lúgubres° circunstancias. Desde entonces, sin ser su amigo íntimo, gozaba en su compañía.

faena trabajo	**jirones** *shreds*
insaciable nunca satisfecha	**semita** de raza judía
tronera ventana pequeña	
transeúntes inestables	**lúgubres** tristes

Baulman le había convertido en orador. Y en una rara especie de agente de pompas fúnebres.

¿Cómo conoció al semita? Pegando la nariz al vidrio frío de la ventana, Antulio revivía la escena de su primer encuentro con Jacobo Baulman, su esporádico protector.

Asistía Gómez a uno de esos extraños y tristes velorios «latinos» de Nueva York. En la sala del «undertaker» pomposamente llamada Chapel, un hijo del difunto preguntó al viejo Baulman:

—¿Tiene usted orador hablado?

El «undertaker» se dio un golpecito en la rugosa frente. ¡Le cogían sin la debida providencia estos clientes de Harlem!

—No sabiendo que ustedes queriendo entierro con oración. Ustedes perdonando.

La voz del israelita sonó meliflua. Hizo una breve pausa, y bisbeó:°

—Pero puedo buscarle «speaker.» ¡No apurándose, señor!

Las vidas anónimas de los hispanos que hormiguean junto al Hudson no quieren bajar a la tumba sin un discurso. Jacobo Baulman sacaba el consiguiente partido económico a la espiritual inclinación de sus católicos parroquianos.

Aquella tarde, por un olvido, no había contratado «orador.» La familia del difunto se sentía rebajada en su dignidad humana. ¿Su muerte rodaría al misterio sin una palabra cristiana? ¡Vaya con la Chapel de Jacobo Baulman!

Entretanto el ojo zahorí° del «undertaker» descubría una melena chorreante, una corbata de pajarita y un bigotillo hirsuto.

—Are you living in Greenwich?

Antulio respondió que sí, que vivía en el «village.» Chapurreó Baulman:

—¿Queriendo usted despedir el duelo° con una oración?

Y antes de que contestara sí o no, Jacobo Baulman le presentaba a los deudos.

—Este señor poeta va a despedir duelo.

—¡Se lo agradeceremos! ¡Le viviremos eternamente agradecidos!

---

bisbeó   *muttered*

zahorí   adivino

despedir el duelo   dar la oración fúnebre o pronunciar algunas palabras sobre la vida del difunto

Pronunció el discurso con inspirado acento. Cuando el judío Jacobo Baulman le puso diez dólares en la mano, como honorarios por su generosa intervención en el entierro, se avergonzó. ¡Unas ganas de estrujarle en la cara los inesperados dólares! Pero se contuvo, apretó la recompensa, se la echó al bolsillo del abrigo. Y se fue a comer a un «automático.»

Era casi un orador profesional. Un enterrador de pico de oro. Se lo reprochaba° corazón adentro. Sin embargo, comenzaba a adaptarse a su peculiar empleo.

Si viniese Baulman. Si le llamara encargándole un «duelito.» Afuera soplaba el aire y en la superficie de su ventanuco golpeaba su ala blanca la nieve.

Sintió unos pasos muy conocidos. Otra vez Mrs. Bally. Ahora traía un mensaje que le suavizaba la voz:

—I am sure it's business for you, Mr. Gómez!

Y le extendió un telegrama. De la funeraria le pedían que se presentara al «Green Memorial.» Asunto: un discurso.

¡Qué a punto venía la encomienda! La semana próxima no tendría que bajar al pequeño infierno del sótano a palear carbón.

Se vistió para la ocasión. Se echó a la intemperie.° Pronto era uno más en la masa oscura del «subway.»

¿Cómo se llamaba el difunto? Lo ignoraba. Para el caso resultaba lo mismo que saberlo. Hilvanaría° un discurso como tantos otros.

El invierno parecía concentrado en el «Green Memorial.» Picaba en el rostro la nieve. El cementerio era como una mínima aldea fantasmal.

El sarcófago° llegó sin comitiva. Los únicos que iban detrás de la caja mortuoria: los oficiosos empleados de Jacobo Baulman envueltos en sus trajes negros.

¿Quién sería aquel solitario muerto? Antulio Gómez hubiera saciado su curiosidad preguntando a los dos tiesos° «undertakers.» ¿Para qué? ¡Un latino más que se hundía en la eternidad!

Inició el discurso con un «recuento» de la vida del difunto. Sobre el féretro la nieve amontaba el hielo de la ventisca. El continuaba haciendo la apología del que se iba.

---

reprochaba *rechazaba*
a la intemperie afuera, al clima crudo
hilvanaría *he would stitch together*

sarcófago ataúd

tiesos rígidos

¡Si se apareciera Baulman! Con toda seguridad el judío le llevaría a tomarse un «whisky.» Elogiaba al difunto con las palabras de clisé: hombre de pro, correcto caballero, ciudadano ejemplar, patricio exilado. De pie junto a la negra caja que iba emblanqueciéndose bajo la nieve, los empleados de la Chapel. ¡Ese Baulman, dejarle en el «Green Memorial» con tan gélida° compañía!

Aquella tarde el verbo se le encampanaba. A pesar de las frases gastadas que empleaba, despedía sinceramente al anónimo muerto. Concluyó emocionado:

—Descansa en paz, amigo.

Todo había terminado. El ataúd del «ciudadano desconocido» quedó en la tumba. Los «undertakers» se acercaron a Antulio Gómez. Traían la paga. Casi con repulsión estiró la mano a tiempo que una de los dos personajes decía:

—The boss left this for you.

—Where is he?— interrogó Antulio.

—Don't you know, pal? We put him down this minute. He is gone. You just talked for him, didn't you?

Abrió el sobre que le enviara Jacobo Baulman. Antes de morir el viejo director de pompas fúnebres disponía que Antulio Gómez despidiera su duelo. Y le pagaba honorarios de lujo: varios miles de dólares.

Aquella noche Antulio Gómez no comió en el «automático» ni en casa de Mrs. Bally. Subió a su cuartucho, pegó la cara al cristal de la ventana. Y lloró un rato.

gélida fría

Preguntas sobre contenido

Preguntas orales:

1. ¿Cuál era la razón por la cual Antulio Gómez salía fuera de la casa?
2. ¿En qué estación del año se desarrolla el cuento? ¿Cómo lo sabe usted?
3. Cuando Antulio no podía pagar la renta, ¿qué trabajo tenía que hacer para Mrs. Bally?
4. ¿A qué religión pertenecía Jacobo Baulman?
5. ¿Cómo conoció Antulio a Mr. Baulman?

6. ¿Hablaba bien el español el señor Baulman? Dé un ejemplo de cómo hablaba español. Expréselo en una forma correcta.
7. ¿Cómo vestía Antulio?
8. ¿Por qué se avergonzaría Antulio cuando le pagó diez dólares la primera vez el Sr. Baulman?
9. ¿Cuántos participaron en el entierro del último difunto?
10. ¿Quién fue el ciudadano desconocido a quien dedicó su último discurso?
11. ¿Qué efecto tuvo la muerte de Jacobo en Antulio?

Ejercicios creativos

Preguntas para motivar discusiones o para
servir de base a composiciones cortas:

1. ¿Es típica, o muy frecuente, entre los puertorriqueños residentes en Nueva York la situación de Antulio Gómez, de vivir solo en un apartamento? ¿Tiene importancia el hecho de que se encuentra tal apartamento en Greenwich Village? ¿Con qué se asocia Greenwich Village? ¿Qué dice esto del carácter y el modo de ser de Antulio? ¿Cómo se confirma esto después al describirse el primer encuentro entre Baulman y Antulio?

2. ¿Cómo sirve de fondo al cuento la estación del año? ¿Le habría sido posible al autor situar la acción en primavera o en verano? (Relativo a este punto, compare este cuento con "Garabatos.")

3. ¿Le parece natural la reacción de Antulio, primero de querer rechazar el dinero que le ofrece Baulman, para luego acomodarse a la idea de ser un orador profesional de entierros?

4. ¿Está usted de acuerdo en que los entierros deben contar con un orador? ¿Están fielmente retratadas las costumbres latinas de Nueva York en este sentido?

5. ¿Tiene importancia el que el empresario sea judío? ¿Podría haber sido anglosajón protestante (WASP)? ¿negro? ¿italiano? ¿puertorriqueño? ¿Guarda esto alguna relación con el hecho de que Baulman quería que Gómez despidiera su duelo, dejándole luego una fortuna?

6. ¿Hay algo por encima de las distinciones étnicas que unen a todos los bohemios? ¿hippies? ¿artistas? ¿músicos? ¿comunistas?

7. ¿Daría una impresión distinta "Garabatos" si se desarrollara en Greenwich Village?

En americano

Jaime Carrero

[**Jaime Carrero (1931–   )** Siendo gran admirador de Pedro Juan Soto, James Carrero dice que éste le ha ayudado a hallar su misión como escritor, sobre todo en cuanto al tema del puertorriqueño en Nueva York. Carrero también reconoce que debe mucho a la influencia de los escritores norteamericanos William Carlos Williams y Robert Creeley, como también a Gilbert Neiman, quien fue en un tiempo profesor de la Universidad Interamericana de Puerto Rico y editor de la extinta revista literaria *Between Worlds,* en la que se encuentra publicado el cuento "En americano" (1961).

Nacido en Mayagüez en 1931, Carrero cursó estudios secundarios en las escuelas públicas de dicha ciudad hasta 1949, año en que se trasladó a Nueva York donde se dedicó a estudiar arte. Poco antes de estallar el conflicto coreano, Carrero se alistó en el ejército, teniendo luego que pasar once meses en Corea. Terminado esto, volvió a Puerto Rico para completar su educación secundaria y sacar su grado de bachillerato del entonces Instituto Politécnico en San Germán (actual Universidad Interamericana) antes de volver nuevamente a Nueva York, esta vez a fin de obtener su maestría en arte

en el Pratt Institute en 1957. Desde entonces Carrero es profesor de arte de la Universidad Interamericana, aunque ha utilizado sus períodos de licencia para continuar sus estudios en la Universidad de Columbia en Nueva York.

Siendo a la vez pintor y literato, Carrero ha exhibido sus pinturas en varias exposiciones en Puerto Rico, y sus obras literarias han ganado varios premios. La novela de la cual incluimos el primer capítulo, *Raquelo tiene un mensaje,* fue premiada por el Ateneo Puertorriqueño en el Certamen de Novela del Festival de Navidad de 1967. Una poesía suya bilingüe acompañada de dibujos, "Jet neorriqueño," es la primera obra literaria en que aparece el vocablo *neorriqueño* (en inglés *Neorican*) que últimamente se ha popularizado. La preocupación de Carrero por el neorriqueño se destaca en casi todas sus obras, entre ellas en sus tres dramas más recientes, *El caballo de Ward, Veinte mil Salcedos,* y *Noo Jork.*]

HOW ABOUT that? You a Puerto Rican and you gotta blonde hair and blue eyes! Boy, that's somet'in!

Aquellas palabras de Pete el italiano sonaban en sus oídos como anillos° de oro. "Blonde" y oro. Si doña Lola las hubiera escuchado° se hubiera sentido la más feliz de las mujeres. Su hijo, aquel niño famélico° y enclenque,° el hazmerreír° del barrio, El Sabino,° como lo llamaban por mal nombre, era nada menos que un americano verdadero. Lo único que le faltaba era el acento y lo había salvado un oído prodigioso.°

—¿Recuerdas, Francisco. . . Frank, tus primeros intentos? Pasabas las horas en aquel apartamiento apestoso a "moth-

anillos *rings*
las hubiera escuchado *had listened to them*
famélico que parece tener mucha hambre
enclenque flaco y débil

el hazmerreír que causa risa a la gente *(laughingstock)*
sabino persona muy rubia
oído prodigioso oído que capta los sonidos con facilidad

balls," echando saliva entre los dientes mientras luchabas por decir esas malditas palabras. . . "things". . . "thoughts" . . . ¡Y qué acento herrumbroso° ése de los primeros momentos! "La mancha de plátano"° de que hablaba doña Lola aún estaba pegada a ti como a la cara de los jíbaros° de aquella plaza que tanto has aprendido a odiar. ¿Y te acuerdas de la palabra "world"? ¿Recuerdas cómo redondeabas la *r* y elevabas la lengua, terminando en el chasquido de una *d* seca, corta, repentina?° Al final, la saliva, como un lago epiléptico, se filtraba por tus labios apretados. Frank, tu oído es genial. Podías haber estudiado música. Desechaste la palabra "depth" porque sabías que jamás aprenderías a decirla sin acento. Como "choir". . . y como "freight." ¡Un oído genial, Frank, verdaderamente genial!

Frank Hernández, rubio, de ojos azules, caminaba por la Avenida Madison hacia la agencia de publicidad en que trabajaba. No había sido difícil encontrar el puesto con su diploma de escuela superior y el curso de maquinilla que doña Lola le había pagado a regañadientes.° Y luego sus conocimientos de español y aquel inglés casi sin acento. . .

—¿Recuerdas, Frank, la cara de aquel chileno cuando tratabas de explicarle cada una de las palabras que no comprendía? Las pronunciabas con pulcritud,° claramente, "en americano." Después te llevabas el pañuelo a los labios y escuchabas el eco metálico de tu acento desvaneciéndose en el aire.
"—Perdone mi inglés— había murmurado el otro, —lo tomé por un americano." No sabrás mucho inglés, Frank, pero lo que sabes lo sabes bien. ¡Y cómo te gustaría verle la cara negra a aquella Miss Ortega de la clase de inglés! ¿Te acuerdas de su acento? ¡Peor que el tuyo cuando aprendías a fuerza de echar saliva por los dientes!

---

acento herrumbroso   acento malo; no pronuncia bien
"la mancha de plátano"   características típicas del puertorriqueño (sobre todo el del campo)

jíbaros   puertorriqueños del campo
repentina   súbita *(sudden)*
a regañadientes   sin querer hacerlo *(reluctantly)*
pulcritud   *neatness*

Frank Hernández caminaba apresuradamente° tratando de evitar al grupo de curiosos que llenaba la acera. Eso también había sido parte de su entrenamiento. Era necesario aprender a caminar con prisa. . . "going places". . .

—"Excuse me"— se escuchó decir, mientras se hacía paso a empujones. Casi no tuvo tiempo de mirar el rostro oscuro, el cuchillo resplandeciente,° en el aire. Alrededor, algunos corrían y gesticulaban.° Ya en el suelo, apretó su estómago con manos nerviosas mientras una gasa sonámbula se adhería a sus ojos.° El policía gigantesco se acercaba ahora, revólver en mano, y sus botones relampagueantes° parecieron iluminar la escena.

—Goddammit, one of them escaped! But I'll beat the hell out of this one. Anyone speaks Puerto Rican?

—¿Oyes eso, Frank? ¿Recuerdas lo que quiere decir? Pregunta si alguien sabe hablar español. Usa tu oído. Contéstale, Frank.

Quería decir algo soez,° brutal, para compensar el dolor que le estrangulaba las entrañas, como hacían los jíbaros de aquella isla olvidada. Pero nada podía articular. Muy cerca, el ruido de las balas se volcaba contra las paredes de los edificios.

—No hables, Frank, no hables. No digas nada. Estás nervioso. No sabrías qué decir. El acento, puedes traicionar el acento. Te falta más saliva, tienes seca la boca. No hables, Frank.

De la esquina surgió entonces la cara aceituna, con la boca temblorosa y los ojos llenos de miedo.

—No disjpare, ejtoy desarmao, me rindo. . .

No tuvo tiempo de decir más. Una andanada de balas° aplastó su cuerpo contra la pared y lo hizo desplomarse° pesadamente.

—Are you all right?— Oyó la voz del policía, perdido ya el eco de los últimos disparos.

---

apresuradamente muy ligeramente
resplandeciente que brilla
gesticulaban movían las manos al hablar
mientras . . . ojos es decir, percibía las cosas como en un sueño

relampagueantes que brillaban mucho
soez grosero *(coarse)*
una andanada de balas muchas balas a la misma vez
desplomarse caerse; derrumbarse

—Di que estás bien, Frank, cuida de la entonación, usa tu oído genial, recuerda. Di algo como lo diría el irlandés de la calle Pulaski. Pulcramente, Frank.

Se incorporó débilmente con un "Yeah, I'm all right," lleno de saliva y cayó de bruces° sobre el pavimento.

1954

de bruces   de frente

Preguntas sobre contenido

Preguntas orales:

1. ¿Por qué parecía americano Frank?
2. ¿Fue fácil para Frank aprender el acento americano?
3. ¿Por qué sentiría feliz doña Lola del comentario del italiano?
4. ¿Cuáles eran algunas de las palabras que siempre le serían difíciles a Frank?
5. ¿Cómo se llamaba la maestra de inglés de Frank?
6. Además de aprender a hablar el inglés bien, ¿qué otra cosa debería imitar?
7. ¿Quién le habló a Frank?
8. ¿De dónde era el hombre que se rindió? ¿Cómo lo sabe usted?
9. ¿Le permitió el policía que se rindiera? ¿Qué pasó?
10. Al fin, ¿en qué idioma contestó Frank? ¿Por qué?

Ejercicios creativos

*Preguntas para motivar discusiones o para
servir de base a composiciones cortas:*

1. ¿Por qué podía sentirse orgullosa de su hijo doña Lola? ¿Cree usted que esto sea motivo justificado para sentir orgullo?

2. ¿De qué se extrañaba Pete el italiano? ¿Refleja esto un concepto estereotipado del tipo puertorriqueño muy común?

3. ¿Qué era lo único que le faltaba a Frank para ser un "americano verdadero"? ¿Qué lo había salvado en este sentido? ¿Qué se entiende por "americano verdadero"?

4. ¿Cree usted que el caso de Frank Hernández sea típico? ¿Cómo son aceptados los hombres como Frank por otros de origen puertorriqueño?

5. ¿Cree usted que un joven de origen puertorriqueño progrese más si oculta su origen?

6. ¿Cree usted que haya habido algún cambio en cuanto a esto (véase preguntas #4 y #5) en los últimos años? Este cuento se escribió por el año 1954. (Para contestar a esta pregunta sería bueno averiguar la opinión de sus padres.)

7. ¿Conoce usted casos que van al otro extremo—es decir, jóvenes que en vez de tratar de ocultar su origen puertorriqueño, pretenden ser 150% puertorriqueños, sacando a cuento su origen aún cuando no viene al caso? ¿Qué tiene de común, y qué tiene de diferente, un caso así con el de Frank? ¿Es que ambas tendencias son en el fondo la misma cosa?

8. ¿Tiene algún significado el hecho de que Miss Ortega haya tenido una "cara negra" o que el otro puertorriqueño haya sido de "rostro oscuro"?

9. Frank deseaba decir algo brutal para compensar el dolor como hacían los jíbaros de "aquella isla olvidada." ¿Olvidada en qué sentido? ¿Qué era lo que impedía que Frank gritara?

Una caja
de plomo que
no se podía abrír

José Luis González

[**José Luis González (1926–)** Nacido en Santo Domingo de padre puertorriqueño y madre dominicana, llegó a Puerto Rico a los cuatro años de edad. Aunque vivió por algún tiempo en los campos de Guaynabo, se crió mayormente en San Juan, graduándose en 1946 de la Universidad de Puerto Rico con especialización en las ciencias sociales. Ya para aquel entonces había comenzado a escribir, siendo su primer libro de cuentos *En la sombra* (1943). Otros libros que siguen son *Cinco cuentos de sangre* y *El hombre en la calle,* en cuya introducción González señala la falta de una literatura urbana puertorriqueña.

Se dedicó a viajar, residiendo de 1950 a 1952 en Europa. Ha vivido más o menos permanentemente en México a partir de 1953, donde ha recibido su título de Maestro en Letras de la Universidad Nacional, y en cuyo país ha dictado cátedras de literatura en la Universidad de Guanajuato y en la Universidad Nacional. Se hizo ciudadano de México en 1955. Recientemente pasó dos años en Francia, dictando cátedra en la Universidad de Toulouse. El hecho de haber renunciado a la ciudadanía norteamericana y sus ideas políticas le crean problemas para volver a Puerto Rico, y sólo consigue regresar por plazos cortos. Su última visita a Puerto Rico la hizo con una visa por treinta días en

enero de 1973 que aprovechó para ofrecer una serie de conferencias en San Juan sobre temas literarios y sociales. Entre otros discutió su último libro de cuentos, *Mambrú se fue a la guerra y otros relatos*.

A González se le considera como renovador del cuento puertorriqueño por la técnica que emplea. Reduciendo a un mínimo los detalles no esenciales, y usando un estilo directo y sobrio, logra cargar de tremendo dramatismo los incidentes. El cuento suyo que aquí presentamos, "Una caja de plomo que no se podía abrir," se ha traducido al inglés en forma de drama.]

ESTO SUCEDIO hace dos años, cuando llegaron los restos de Moncho Ramírez, que murió en Corea. Bueno, eso de "los restos de Moncho Ramírez" es un decir, porque la verdad es que nadie llegó a saber nunca lo que había dentro de aquella caja de plomo que no se podía abrir. De plomo, sí señor, y que no se podía abrir; y eso fue lo que puso como loca a doña Milla, la mamá de Moncho, porque lo que ella quería era ver a su hijo antes de que lo enterraran. Pero más vale que yo empiece a contar esto desde el principio.

Seis meses después que se llevaron a Moncho Ramírez a Corea, doña Milla, recibió una carta del gobierno que decía que Moncho estaba en la lista de los desaparecidos en combate. La carta se la dio doña Milla a un vecino para que se la leyera porque venía de los Estados Unidos y estaba en inglés. Cuando doña Milla se enteró de lo que decía la carta se encerró en sus dos piezas y se pasó tres días llorando. No les abrió la puerta ni a las vecinas que fueron a llevarle guarapillos.°

En el ranchón° se habló muchísimo de la desaparición de Moncho Ramírez. Al principio algunos opinamos que Moncho seguramente se había perdido en algún monte y que ya aparecería

---

guarapillo   una bebida caliente, como un té de hierbas

ranchón   edificio grande con viviendas para varias personas (el mismo autor explica el término más adelante)

cualquier día. Otros dijeron que a lo mejor los coreanos lo habían hecho prisionero y después de la guerra lo devolverían. Por las noches, después de comer, los hombres nos reuníamos en el patio del ranchón y nos poníamos a discutir sobre esas dos posibilidades, y así vinimos a llamarnos "los perdidos" y "los prisioneros," según lo que pensáramos que le había sucedido a Moncho Ramírez. Ahora que ya todo eso es un recuerdo, yo me pregunto cuántos de nosotros pensábamos, sin decirlo, que Moncho no estaba perdido en ningún monte ni era prisionero de los coreanos, sino que estaba muerto. Yo pensaba eso muchas veces pero nunca lo decía, y ahora me parece que a todos les pasaba igual. Porque no está bien eso de ponerse a dar por muerto a nadie —y menos a un buen amigo como era Moncho Ramírez, que había nacido en el ranchón— antes de saberlo uno con seguridad. Y, además, ¿cómo íbamos a discutir por las noches en el patio del ranchón si no había dos opiniones diferentes?

Dos meses después de la primera carta, llegó otra. Esta segunda carta, que le leyó a doña Milla el mismo vecino porque estaba en inglés igual que la primera, decía que Moncho Ramírez había aparecido. O, mejor dicho, lo que quedaba de Moncho Ramírez. Nosotros nos enteramos de eso por los gritos que empezó a dar doña Milla tan pronto supo lo que decía la carta. Aquella tarde todo el ranchón se vació en las dos piezas de doña Milla. Yo no sé cómo cabíamos allí pero allí estábamos toditos, y éramos unos cuantos como quien dice. A doña Milla tuvieron que acostarla las mujeres cuando todavía no era de noche porque de tanto gritar, mirando el retrato de Moncho en uniforme militar entre una bandera americana y un águila con un mazo° de flechas entre las garras, se había puesto como tonta. Los hombres nos fuimos saliendo al patio poco a poco, pero aquella noche no hubo discusión porque ya todos sabíamos que Moncho estaba muerto y era imposible ponerse a imaginar.

Tres meses después llegó la caja de plomo que no se podía abrir. La trajeron una tarde, sin avisar, en un camión del Ejército, cuatro soldados de la Policía Militar armados de rifles y con guantes blancos. A los cuatro soldados los mandaba un teniente, que no traía rifle pero sí una cuarenticinco en la cintura. Ese fue el primero en bajar del camión. Se paró en el medio de la calle,

mazo   puñado (*bunch*)

con los puños en las caderas y las piernas abiertas y miró la fachada del ranchón como mira un hombre a otro cuando va a pedirle cuentas por alguna ofensa. Después volteó la cabeza y les dijo a los que estaban en el camión: —Sí, aquí es. Bájense.— Los cuatro soldados se apearon, dos de ellos cargando la caja, que no era del tamaño de un ataúd sino más pequeña y estaba cubierta con una bandera americana.

El teniente tuvo que preguntar a un grupo de vecinos en la acera° cuál era la pieza de la viuda de Ramírez (ustedes saben cómo son estos ranchones de Puerta de Tierra: quince o veinte puertas, cada una de las cuales da a una vivienda, y la mayoría de las puertas sin número ni nada que indique quién vive allí). Los vecinos no sólo le informaron al teniente que la puerta de doña Milla era la cuarta a mano izquierda entrando, sino que siguieron a los cinco militares dentro del ranchón sin despegar los ojos de la caja cubierta con la bandera americana. El teniente, visiblemente molesto por el acompañamiento, tocó a la puerta con la mano enguantada de blanco. Abrió doña Milla y el oficial le preguntó:

—¿La señora Emilia viuda de Ramírez?

Doña Milla no contestó en seguida. Miró sucesivamente al teniente, a los cuatro soldados, a los vecinos, a la caja.

—¿Ah?— dijo como si no hubiera oído la pregunta del oficial.

—Señora, ¿usted es doña Emilia viuda de Ramírez?

Doña Milla volvió a mirar la caja cubierta con la bandera. Levantó una mano, señaló, preguntó con la voz delgadita:

—¿Qué es eso?

El teniente repitió, con un dejo de impaciencia:

—Señora, ¿usted es . . .

—¿Qué es eso, ah?— preguntó otra vez doña Milla, en ese trémulo tono de voz con que una mujer se anticipa siempre a la confirmación de una desgracia. —¡Dígame! ¿Qué es eso?

El teniente volteó la cabeza, miró a los vecinos. Leyó en los ojos de todos la misma interrogación. Se volvió nuevamente hacia la mujer; carraspeó;° dijo al fin:

—Señora . . . El Ejército de los Estados Unidos . . .

---

acera   borde de la calle (para caminar   carraspeó   *cleared his throat*
      los peatones)

Se interrumpió, como quien olvida de repente algo que está acostumbrado a decir de memoria.

—Señora . . .— recomenzó. —Su hijo, el cabo Ramón Ramírez . . .

Después de esas palabras dijo otras, que nadie llegó a escuchar porque ya doña Milla había puesto a dar gritos, unos gritos tremendos que parecían desgarrarle la garganta.

Lo que sucedió inmediatamente después resultó demasiado confuso para que yo, que estaba en el grupo de vecinos detrás de los militares, pueda recordarlo bien. Alguien empujó con fuerza y en unos instantes todos nos encontramos dentro la pieza de doña Milla. Una mujer pidió agua de azahar° a voces, mientras trataba de impedir que doña Milla se clavara las uñas en el rostro. El teniente empezó a decir: —¡Calma! ¡Calma!— pero nadie le hizo caso. Más y más vecinos fueron llegando, convocados por el tumulto, hasta que resultó imposible dar un paso dentro de la pieza. Al fin varias mujeres lograron llevarse a doña Milla a la otra habitación. La hicieron tomar el agua de azahar y la acostaron en la cama. En la primera pieza quedamos sólo los hombres. El teniente se dirigió entonces a nosotros con una sonrisa forzada:

—Bueno, muchachos . . . Ustedes eran amigos del cabo Ramírez, ¿verdad?

Nadie contestó. El teniente añadió:

—Bueno, muchachos . . . En lo que las mujeres se calman, ustedes pueden ayudarme, ¿no? Pónganme aquella mesita en el medio de la pieza. Vamos a colocar la caja ahí para hacerle la guardia.

Uno de nosotros habló entonces por primera vez. Fue el viejo Sotero Valle, que había sido compañero de trabajo en los muelles del difunto Artemio Ramírez, esposo de doña Milla. Señaló la caja cubierta con la bandera americana y empezó a interrogar al teniente:

—¿Ahí . . . ahí . . . ?

—Sí, señor— dijo el teniente, —esa caja contiene los restos del cabo Ramírez. ¿Usted conocía al cabo Ramírez?

—Era mi ahijado— contestó Sotero Valle, muy quedo, como si temiera no llegar a concluir la frase.

---

agua de azahar   una bebida hecha con   *tree*) o del limonero
la flor blanca del naranjo (*orange*

—El cabo Ramírez murió en el cumplimiento de su deber— dijo el teniente, y ya nadie volvió a hablar.

Eso fue como a las cinco de la tarde. Por la noche no cabía la gente en la pieza: habían llegado vecinos de todo el barrio, que llenaban el patio y llegaban hasta la acera. Adentro tomábamos el café que colaba de hora en hora una vecina. De otras piezas se habían traído varias sillas, pero los más de los presentes estábamos de pie; así ocupábamos menos espacio. Las mujeres seguían encerradas con doña Milla en la otra habitación. Una de ellas salía de vez en cuando a buscar cualquier cosa —agua, alcoholado, café— y aprovechaba para informarnos:

—Ya está bastante calmada. Yo creo que de aquí a un rato podrá salir.

Los cuatro soldados montaban guardia, rifle al hombro, dos a cada lado de la mesita sobre la que descansaba la caja cubierta con la bandera. El teniente se había apostado al pie de la mesita, de espaldas a ésta y a sus cuatro hombres, las piernas un poco separadas y las manos a la espalda. Al principio, cuando se coló el primer café, alguien le ofreció una taza, pero él no la aceptó. Dijo que no se podía interrumpir la guardia.

El viejo Sotero tampoco quiso tomar café. Se había sentado desde un principio frente a la mesita y no le había dirigido la palabra a nadie durante todo ese tiempo. Y durante todo ese tiempo no había despegado la mirada de la caja. Era una mirada rara la del viejo Sotero: parecía que miraba sin ver. De repente (en los momentos en que servían café por cuarta vez) se levantó de la silla y se le paró por delante al teniente.

—Oiga— le dijo, sin mirarlo, fijos siempre los ojos en la caja. —¿Dice usté que en esa caja está mi ahijado Ramón Ramírez?

—Sí, señor— contestó el oficial.

—Pero . . . pero, ¿en esa caja tan chiquita?

El teniente explicó entonces, con alguna dificultad:

—Bueno . . . mire . . . es que ahí sólo están los restos del cabo Ramírez.

—¿Quiere decir que . . . que lo único que encontraron . . .

—Solamente los restos, sí señor. Seguramente ya había muerto hacía bastante tiempo. Así sucede en la guerra, ¿ve?

El viejo no dijo nada más. Todavía de pie, miró la caja un rato; después volvió a su silla.

Unos minutos más tarde se abrió la puerta de la otra habitación y doña Milla salió apoyada en los brazos de dos vecinas. Estaba pálida y despeinada, pero su semblante° reflejaba una gran serenidad. Caminó lentamente, siempre apoyada en las otras dos mujeres, hasta llegar frente al teniente. Le dijo:

—Señor . . . tenga la bondad . . . díganos cómo se abre la caja.

El teniente la miró un poco sorprendido.

—Señora, la caja no se puede abrir. Está sellada.

Doña Milla pareció no comprender de momento. Agrandó los ojos y los fijó largamente en los del oficial, hasta que éste se sintió obligado a repetir:

—La caja está sellada, señora. No se puede abrir.

La mujer movió de un lado a otro, lentamente, la cabeza:

—Pero yo quiero ver a mi hijo. Yo quiero ver a mi hijo, ¿usted me entiende? Yo no puedo dejar que lo entierren sin verlo por última vez.

El teniente nos miró entonces a nosotros; era evidente que su mirada solicitaba comprensión, pero nadie dijo una palabra. Doña Milla dio un paso hacia la caja, retiró con delicadeza una punta de la bandera, tocó levemente.

—Señor— le dijo al oficial, sin mirarlo, —esta caja no es de madera. ¿De qué es esta caja, señor?

—Es de plomo, señora. Las hacen así para que resistan mejor el viaje por mar desde Corea.

—¿De plomo?— murmuró doña Milla sin apartar la mirada de la caja. —¿Y no se puede abrir?

El teniente, mirándonos nuevamente a nosotros, repitió:

—Las hacen así para que resistan mejor el via . . .

Pero no pudo terminar; no lo dejaron terminar los gritos terribles de doña Milla, unos gritos que a mí me hicieron sentir como si repentinamente me hubieran golpeado en la boca del estómago:

—¡MONCHO! ¡MONCHO, HIJO MIO, NADIE VA A ENTERRARTE SIN QUE YO TE VEA! ¡NADIE, HIJO MIO, NADIE . . . !

Otra vez se me hace difícil contar con exactitud: los gritos de doña Milla produjeron una gran confusión. Las dos mujeres que

semblante   cara

la sostenían por los brazos trataron de alejarla de la caja, pero ella frustró el intento aflojando el cuerpo y dejándose ir hacia el suelo. Entonces intervinieron varios hombres. Yo no: yo todavía experimentaba aquella sensación en la boca del estómago. El viejo Sotero fue uno de los que acudieron junto a doña Emilia, y yo me senté en su silla. No, no me da vergüenza decirlo: o me sentaba o tenía que salir de la pieza. Yo no sé si a alguno de ustedes le ha sucedido eso alguna vez. Y eso no es miedo, porque ningún peligro me amenazaba en aquel momento. Pero yo sentía el estómago apretado y duro como un puño, y las piernas como si súbitamente° se me hubiesen vuelto de trapo. Si a alguno de ustedes le ha sucedido eso alguna vez, sabrá lo que quiero decir. Si no . . . bueno, si no, ojalá que no le suceda nunca. O por lo menos que le suceda donde la gente no se dé cuenta.

Yo me senté. Me senté y, en medio de la terrible confusión que me rodeaba, me puse a pensar en Moncho como nunca en mi vida había pensado en él. Doña Milla gritaba hasta enronquecer° mientras la iban arrastrando lentamente hacia la otra habitación, y yo pensaba en Moncho, en Moncho que nació en aquel mismo ranchón donde también nací yo, en Moncho que fue el único que no lloró cuando nos llevaron a la escuela por primera vez, en Moncho que nadaba más lejos que nadie cuando íbamos a la playa detrás del Capitolio, en Moncho que había sido siempre cuarto bate cuando jugábamos pelota en Isla Grande, antes de que hicieran allí la base aérea . . . Doña Milla seguía gritando que a su hijo no iba a enterrarlo nadie sin que ella lo viera por última vez. Pero la caja era de plomo y no se podía abrir.

Al otro día enterramos a Moncho Ramírez. Un destacamento de soldados hizo una descarga cuando los restos de Moncho —o lo que hubiera dentro de aquella caja— descendieron al húmedo y hondo agujero de su tumba. Doña Milla asistió a toda la ceremonia de rodillas sobre la tierra.

· ·

De todo eso hace dos años. A mí no se me había ocurrido contarlo hasta ahora. Es bien probable que alguien se pregunte por qué. Yo diré que esta mañana vino el cartero al ranchón. No tuve que pedirle ayuda a nadie para leer lo que me trajo, porque sé mi poco de inglés. Era el aviso de reclutamiento militar.

súbitamente   de repente   enronquecer   quedar ronca *(hoarse)*

Preguntas sobre contenido

Preguntas orales:

1. ¿Dónde murió Moncho Ramírez?
2. ¿Quién era doña Milla?
3. ¿Adónde se llevaron a Moncho?
4. ¿Qué decía la primera carta?
5. ¿Cómo se llamaban los dos grupos que discutían la muerte de Moncho? ¿Por qué?
6. ¿Qué pensaban muchos sin atreverse a decirlo?
7. ¿Qué decía la segunda carta?
8. ¿Cuándo llegó la caja de plomo que no se podía abrir?
9. ¿Quiénes la trajeron?
10. Describa usted la caja.
11. ¿Qué hizo doña Milla cuando el teniente empezó a hablarle?
12. ¿Qué hicieron con ella varias mujeres?
13. ¿Quién era Sotero Valle?
14. ¿De qué se extrañó él?
15. ¿Qué le preguntó doña Milla al teniente?
16. ¿Por qué no pudieron cumplirse los deseos de doña Milla?
17. ¿Cuáles detalles de la vida de Moncho recordó el narrador?
18. ¿Qué le trajo el cartero al narrador?

Ejercicios creativos

Preguntas para motivar discusiones o para
servir de base a composiciones cortas:

1. ¿Por qué es importante el hecho de que no se podía abrir la caja? ¿Cómo habría sido distinto el entierro si Moncho se hubiera enterrado en un ataúd corriente? ¿Habría sido mejor que la caja, aunque no pudiera ser un ataúd corriente, cuando menos tuviera el tamaño normal de un ataúd, a pesar de que los restos cupieran en menos espacio?

2. ¿Cree usted que contribuya a agravar el problema la actitud del teniente? En caso de contestación afirmativa, ¿cómo habría podido hacer para aliviar la situación? Caso específico: ¿Le parece correcto que el teniente rehúse tomar café porque "no podía interrumpir la guardia"?

3. ¿Cómo contribuye al efecto del cuento la duda que el narrador expresa acerca de lo que había dentro de la caja?

4. Comente en general la actitud y el personaje del narrador. ¿Cómo sería distinto el efecto si narrara doña Milla? ¿el viejo Sotero Valle?

5. Este cuento encierra una fuerte protesta contra el militarismo en general, y en apoyo de esto se critica la manera en que el establecimiento militar procede en cuanto a determinado problema — en este caso el procedimiento a seguir para el entierro o disposición de soldados muertos en combate. Pero algo se tiene que hacer. ¿Qué procedimientos recomendaría usted? Algunas posibles recomendaciones se incluyen en las preguntas 1 y 2 arriba, pero el problema va más lejos. Por ejemplo, ¿deben devolverse los cadáveres a los hogares, o sería mejor enterrarlos en cementerios militares ahí mismo?

Naufragio

Tomás Blanco

[**Tomás Blanco** Nacido en San Juan (no le gusta especificar fechas), Blanco es hombre de extensa cultura adquirida a través de muchos y variados estudios y viajes —éstos sobre todo por Europa. Ha residido en España por largas temporadas. Estudió medicina en la Universidad de Georgetown, internándose en el hospital de la misma universidad luego de graduarse. Trabajó para el Departamento de Salud Pública en Puerto Rico por varios años.

Ha escrito ensayos, novelas y cuentos. Sus ensayos revelan un conocimiento profundo de la historia y la cultura puertorriqueñas, como también la habilidad de mirar esta misma historia desde un punto de vista universal. El cuento que aquí presentamos forma parte de una colección llamada *Cuentos sin ton ni son*. La raíz de esta colección de cuentos, como de todas las ficciones de Blanco, está en el conflicto entre lo auténtico y lo falso, según el crítico literario Juan Martínez Capó. Otros cuentos interesantes de esta serie incluyen "Eleuterio el coquí," "El Arcángel San Miguel se inventa un hábeas corpus" y "La hiel de los Caínes." "Naufragio" encaja muy bien dentro del marco del conflicto entre lo auténtico y lo falso. Otra de sus obras más interesantes es un corto libro de ensayos, *Los cinco sentidos,* que presenta un ensayo sobre cada uno de los cinco sentidos,

tratando la manera en que cada sentido percibe algo típico del medio puertorriqueño (como el olfato percibe el café, por ejemplo).

Don Tomás vive en el barrio de Miramar de San Juan. Sigue escribiendo.]

PEDRO ERA pescador como su homónimo° el apóstol de las llaves.° Conocía palmo a palmo todo el litoral norte, desde Cabezas de San Juan a Punto Jigüero. También había pescado algunas temporadas en Sabanitas y Algarrobo, cerca de Mayagüez, y por los alrededores de Cayo Santiago, frente a Naguabo y Humacao. Pero a la banda sur de la isla, de los Morrillos de Cabo Rojo hasta Mala Pascua, le tenía caprichosa ojeriza.° Sentía arbitrario desdén por el Caribe, pues al que le preguntara qué era eso de mar jincho y jíparo,° contestaba rotundo, sorprendido por tamaña ignorancia, con este inapelable diagnóstico: —"Pues enfermo del hígado, mijito."°

Era un hombre como tallado a hachazos, pero con maestría, en una sola pieza de ausubo.° Recio, varonil, curtido y tostado hasta parecer mulato, siendo blanco. De pelo bronceado con reflejos rojizos, estatura mediana, agradables facciones; y sin edad calculable, pues lo mismo podía tener, por su aparencia, treinta y nueve que cincuenta y siete años.

Para trabajar andaba descalzo, con pantalón de dril° azul muy usado, y húmedo de salitre, pero pulcro y decente, más una blanca camiseta de punto con mangas hasta el codo, faja negra de lana, boina vasca y amplio pañuelo de color al cuello. Para tierra adentro, se calzaba, cambiaba el pantalón por otro igual,

homónimo persona con el mismo nombre que otra

el apóstol de las llaves se supone que San Pedro tenga las llaves del cielo

ojeriza malos sentimientos

jincho y jíparo pálido (el mismo

Pedro da un significado especial a esta frase)

mijito mi hijito (modo muy familiar de dirigirse a otra persona)

ausubo especie de árbol de madera muy dura

dril una tela fuerte

pero nuevo, planchado, almidonado; sustituía la faja por cinturón de cuero, la camiseta por camisa de algodón abierta en la garganta, y descartaba el pañuelo y la boina. En raras ocasiones sacaba a relucir una chaqueta de holanda y un sombrero de paja alón° y flexible.

Semi nómada su acostumbrado habitáculo eran las marismas° que se extienden desde la desembocadura del Loíza hasta la boca del Toa, con las playas más cercanas a la Capital por centro de gravedad. Pero a la ciudad de San Juan y sus extensos barrios urbanizados nunca entraba sino por necesidad u obligación.

Tenía muchos conocidos, unos cuantos amigos, tres o cuatro compadres y ninguna familia. Había sido casado hacía ya tiempo; pero su mujer murió del primer parto, dejándole una hija: Carmen la llamó; pues la Virgen de esta advocación° era patrona de la gente de mar, como él, como su padre y su abuelo. Porque Pedro, sin haber perdido nunca de vista las costas de la isla, se sentía más navegante y marino que simple pescador. A la hija, muy joven todavía, se la enamoraron y, previo casorio —"con todas las de la ley y según Dios manda"—° se la llevaron a Massachusetts, donde el marido emigrado se desempeñaba trabajando en una fábrica, a la vista del mar. Cuando menos— pensaba Pedro —su hija expatriada viviría con el ruido de los marullos en el oído, como un recuerdo continuo de su padre, al otro lado del mar. Era un consuelo. Porque él no se había resignado a la separación sino como una segunda viudez, acaso más dolorosa que la primera.

Carmen no hizo más que instalarse allá, cuando empezó a tratar de conquistarlo para que se fuera a vivir junto a ellos. Y, la vecindad del mar, una de las carnadas° que la hija le ponía al padre en el anzuelo. Pero no tuvo tiempo de convencerle —como al fin y a la postre, ocurría siempre que se lo proponía— pues, durante el primer invierno, sucumbió víctima de una pulmonía doble. Y, Pedro, que por entonces cortejaba una mujer; con la muerte de la hija y por complicadas razones psicológicas de su modo de ser, renunció a segundas nupcias° y se hizo a la idea de

alón   de ala grande *(wide-brimmed)*
marisma   terreno pantanoso junto al
   mar *(marsh)*
advocación   nombre
"con todas . . . manda"   en forma

perfectamente legal
carnadas   pedazos de carne que sirve
   para atraer a los peces. Aquí se
   emplea en sentido figurativo.
nupcias   boda

no volver a casarse. Así, andaba "campeando por sus respetos"°
como decía él— sólo con su yolita,° sin parientes ni arrimos.°
La yolita era embarcación muy marinera, entre yola y esquife°
que, aunque se reparaba y repintaba con frecuencia, cambiando de
colores y aparejos, siempre llevaba en letras rojas el mismo
nombre: LA CARMEN.

El oficio lo aprendió del abuelo y del padre. El primero había
sido alumno de náutica en las clases establecidas a mediados del
siglo pasado por la Junta Provincial de Fomento, y llegó a ser
patrón de una goleta° dedicada al cabotaje.° El segundo fue
pescador profesional toda la vida.

La pesca no tenía secretos para Pedro, pues al tocaire de las
peripecias° de su vida, había practicado todos los tipos y modos
de pescar. En los esteros° ingeniaba "corrales," laberínticas
palizadas de mangle y púas de bambú, para atrapar los peces que
se mueven al son de las mareas. Tenía nasas° que, lastradas en
el fondo de las pozas, junto a los arrecifes, con una mondada
hoja de tuna dentro, capturaba pargos, chernas, muniamas.° Con
atarraya° y el agua a la cintura, diezmaba en un santiamén el
cardumen° de sardinas que se le ponía a tiro. El chinchorro° lo
usaba especialmente para corvinas, sables, corcovados y jureles.°
La sierra y otros peces mayores, como la picuda, había que
pescarlos "corriendo la sirga"° a toda vela, arrastrando sedal°
y anzuelo° a flor de agua. Otros, como el exquisito y bien pagado
colorado, tenían que buscarse a muchas brazas de profundidad,
sembrando larguísimos cordeles, una punta fondeada con potala,°
el otro cabo amarrado a una boya, y provistos de más de un
centenar de hijuelas o ramales, cordones de unos tres pies de
largo, donde se fijaban los anzuelos cebados con sardinas. En
varias ocasiones se había asociado con otro dueño de la lancha,

"campeando por sus respetos" haciendo lo que quería
yolita bote pequeño que se mueve a remos
arrimos amigos (arrimados)
esquife bote que sirve para una sola persona
goleta schooner
cabotaje navegación comercial
peripecias aventuras
esteros entradas de agua *(inlets)*
nasas trampas para coger peces
pargos, chernas, muniamas especies de peces
atarraya *casting net*
cardumen banco de peces
chinchorro *small dragnet*
corvinas . . . y jureles especies de peces
sirga (se usa para pescar), *towrope*
sedal cuerda de la caña de pescar
anzuelo *fishhook*
potala ancla *(anchor)*

fabricando entre ambos una buena jábega° o red barredera; y, ayudados por una cuadrilla de aprendices para halar el copo desde la playa, arrastraban a tierra, entre las mayas, innumerable variedad de pescado. Conocía al dedillo las radas y caletas,° los bajos rehoyos por donde abundaba el pulular de peces. Su experiencia incluía hasta la pesca de la tortuga con señuelo de madera, y la nocturna caza de langostas entre rocas, a la luz de una tea° o "jacho" de tabonuco.° Y, por no dejar, aun la "pesca boba," con caña, en perdidos ratos de espera.

Todas sus pescas tenían un propósito profesional digno y serio: proveer de sano, nutritivo, barato y sabroso alimento a la gente de tierra, y ganarse él la vida por ese honroso arbitrio. Para ello escogía siempre el procedimiento más adecuado a cada caso, con máxima economía de tiempo, medios, sudores y peligros. Sólo perseguía y mataba, sin provecho directo, algunos peces peligrosos —"fieras dañinas, enemigas del hombre"— como el cazón,° como el tiburón y su hembra, la tintorera.° Los que sin hacer daño mayor, no le servían ni para carnadas, cuidaba de devolverlos al mar antes que se asfixiaran: —"¡Largo de aquí, gandules!"

Su alimentación consuetundinaria° era, casi exclusivamente, mariscos y pescados, salvo algunos tubérculos como la yuca y la yautía. Y, por postre, frutas nativas o un funche de maíz° con melado de caña y queso de la tierra.

Aparte de ser cumplido pescador, Pedro era hombre honrado, juicioso y sereno, con disimulado fondo de ruda bondad, tolerancia y comprensión para con todo el mundo. Sólo perdía la paciencia ante lo que él llamaba "vicios sin projimidad."° Concepto ético, éste, que abarcaba todo lo detestable, lo malo sin atenuantes, desde el asesinato hasta el desperdicio o estropeo, sin causa ni razón —"por puro chiste"— de cualquier cosa que pudiera ser útil o tuviera belleza. Los vicios comunes y corrientes, la afición desmedida al juego, a las mujeres, al alcohol, hasta la

---

jábega   *dragnet*
radas y caletas   *bays and inlets*
tea   antorcha *(torch)*
tabonuco   resina de un árbol del
   mismo nombre
cazón   *dogfish*
el tiburón y su hembra, la tintorera
   tiburón equivale a *shark,* pero la

hembra del tiburón se conoce
   como tintorera

consuetudinaria   acostumbrada

funche de maíz   plato basado en
   cereal de maíz

vicios sin projimidad   este concepto
   de Pedro se explica luego en el relato

vagancia habitual, eran cosas comprensibles; totalmente perdonables si no causaban grave perjuicio de terceros. Más o menos vagamente, así lo entendía él.

Se consideraba afortunado porque sus propios vicios eran "pecata minuta."° Fumaba su poco. Cuando tenía con qué, le gustaba encender un tabaco de marca. Guardaba siempre una botella de buen ron para cuando "había motivo." Por temporadas, los motivos abundaban; pero otras, escaseaban. Si el "tumbo en la cayería" era demasiado fuerte° y se prolongaba varios días, impidiendo la pesca, se entretenía jugando dominó, apostando hasta vellones y pesetas.° Jamás usaba de "malas palabras" sin tener buenas razones para ello; y aun entonces les desfiguraba la pronunciación, por recato. En su juventud había sido bastante mujeriego. —"Cada cual era según Dios, o el diablo, lo había hecho. Pero vicios sin projimidad; ¡eso no! ¡Arrenuncio!°

*   *   *

Un atardecer, en Vacíatalegas, trajinaba Pedro por la playa remendando unas redes,° cuando llegó por el camino vecinal de la orilla un flamante automóvil. Dentro, un hombre y dos mujeres que se apearon a curiosear. Eran norteamericanos. El vestía una suelta chamarreta de colorines y calzón corto, con las piernas, como langostas, al aire. Una de ellas usaba pantalones negros y blusa rosada. La otra llevaba un traje color crema con cinturón de cuero desmesuradamente ancho. Todos portaban cámaras fotográficas. Turistas desde luego.

Pedro, con pasiva aquiesencia,° se dejó retratar. —"Allá ellos, con sus manías"— sin dejar su trabajo y sin mirarles más que de reojo. Pero pronto se acercaron y trabaron conversación. La del traje crema hablaba español bien, con cierta gracia. Los otros apenas chapurreaban algunas palabras ayudadas de señas. En claro, sacó que, a su modo, también eran pescadores. —"Bueno, pues si eran del gremio, aunque fuesen turistas, había que portarse

---

pecata minuta (latin) pecados leves	**vellones y pesetas** monedas de cinco y veinticinco centavos
Si el tumbo ... fuerte si la situación en los cayos (islas pequeñas) no favorecía la pesca	**arrenuncio** renuncio
	redes nets
	aquiesencia consentimiento

cortés."— A lo mejor era gente de estudios, de esos "expertos" que dicen que el Gobierno trae para estudiar la situación. "Expertos," peritos, en pescado. Por eso decían que eran pescadores. Sin meterse en más honduras, así se explicó que aves tan raras y de pluma tan rica presumieran de pescadores, sin pinta ninguna de eso.° —"Todo tendría su cuenta y razón."°

La cuestión es que, tras volverlos a encontrar en el mismo sitio, llegaron a trabar cierta "conocencia" o amistad. Amistad, con la del traje crema porque desde un principio le cayó simpática. Con los otros, "conocencia y gracias."

Y, éste fue el principio de un recíproco mal entendido con la dama del amplio cinturón gris que había de causar a Pedro una perturbación anímica° de marca mayor, honda y oscura.

*   *   *

Dorothy Lattimer era una mujer de treinta años, algo aniñada, guapa, ágil, esbelta; con temperamento artístico y aficionado a la aventura. Y libre. De posición muy desahogada, aun en Nueva York, donde había nacido y siempre residió. Además de unas rentas aseguradas por su padre al morir, lograba pingües° ganancias en su profesión. A fuerza de talento, capacidad, gusto y dedicación, había conseguido en su ciudad natal alcanzar distinción, nombre y respeto como diseñadora, en dura competencia con millares de hombres y mujeres. Casi por obligación cultivaba los deportes —la pesca, en especial— como medida higiénica para contrarrestar la vida sedentaria y nocturna, de estudio y oficina, de teatros, museos y cafés, que llevaba habitualmente. A más de graciosa y elegante, era inteligente y fina de espíritu. Descendiente de franceses, ingleses, escoceses e irlandeses, se mostraba por un lado liberal, aventurera y caprichosa; y por otro, reservada, pensativa y muy arraigada a° ese gran sentido práctico que se le atribuye —quizás falsamente— a los naturales de los Estados Unidos en general, pero del que rara vez carecen por completo las mujeres de cualquier país.

sin pinta ninguna de eso sin parecerse en nada a eso
todo . . . razón todo tendría su explicación

anímica psicológica
pingües abundantes
arraigada a caracterizada por

Aquel invierno había decidido pasarse unas vacaciones al sol, en Puerto Rico. Así volvería a practicar diariamente su español. Antes ya había estado en Cuba y México, y tenía en cartera° una larga visita al Perú. Por de pronto,° nuestra isla le despertó curiosidad por haber oído de ella muy contradictorias opiniones. Quizás también aquí, como le sucedió en México el exótico ambiente estimularía sus facultades creadoras infundiendo° nuevo vigor y originalidad a sus diseños.

Realmente, en cuanto llegó se sintió bastante defraudada. El clima era agradable. El paisaje tenía aspectos sumamente encantadores. Pero en todo lo demás, no ofrecía la isla al turista de su clase y calidad nada verdaderamente inusitado° y atractivo. Nada que no hubiese encontrado más floreciente, más genuino, mejor o más barato en muchos otros sitios de la América Hispana. Ni siquiera la idea de refrescar su español pudo llevarla a cabo, pues se encontraba presa en una especie de extraterritorialidad° incrustada en el país, donde todo el mundo se empeñaba en hablarle en inglés — un inglés no siempre comprensible. En seguida, procuró zafarse cuanto pudo de la rutina mimética y fenicia° del ambiente hotelero y los círculos turísticos. Y, para escapar, ideó lanzarse por su cuenta a visitar sitios poco frecuentados y trabar conocimiento con los naturales del país menos contaminados de metropolitanismo. En sus primeros pasos por estos vericuetos le acompañaba, a veces un matrimonio conocido de antiguo, que ya encontró instalado en su mismo hotel cuando llegó a la isla. Y de este modo fue que descubrió a Pedro una tarde de enero en Vacíatalegas.

Pedro, solo y pausado, entre redes que se dibujaban sugerentes sobre la arena, frente a un fondo marino de cambiantes colores, bajo el cielo crepuscular, le sedujo° como una estampa iluminada, muy de su gusto. Después, en el modo de comportarse el pescador, en su manera de hablar, halló cierto atractivo. Tenía fibra, carácter, colorido, entereza. Decidió cultivarle. Dando de lado° al matrimonio amigo, acompañaba a Pedro con frecuencia en sus

---

tenía en cartera sus experiencias
 incluían
por de pronto en el momento
infundiendo agregando, poniendo
inusitado extraordinario
extraterritorialidad algo extraño al

territorio en que se produce o sucede
rutina mimética y fenicia rutina
 superficial de imitarse unos a otros
sedujo forma pretérita de *seducir*
dando de lado dejando

faenas piscatorias, durante horas, en el mar y en la playa; casi siempre silenciosa, observadora, tomando apuntes al carbón, fijando aspectos y detalles por medio de la fotografía. A ratos, de pronto, se le soltaba a ambos la lengua en diálogos ingenuos, lentos. Luego, en el hotel, recogía impresiones y apuntes, elaborándolos a la acuarela o al pastel, con estilizaciones poéticas, llenas de imaginativas sutilezas. No siempre reconocía Pedro el asunto o el tema cuando ella le mostraba sus trabajos pero nunca dejaron de producirle curiosa satisfacción. Alguna que otra muestra logró herirle cuerdas sensibles de su difusa percepción estética.° —"Ella pintaba como pescaba él, con hombría como debe ser."— Le hubiera gustado quedarse con aquella mancha en que, sobre un fondo de sólidos oros y añiles° se destacaba la plata derretida de los peces, colándose por mayas de azabache hilado. Nunca se atrevió pedirla.

Pedro tuvo que vencer —es cierto— mucha repugnancia natural a tratarse tan íntimamente con mujer desconocida, rica, forastera, —"¡Una turista yanqui!"— Pero esta mujer a más de simpática y a todas luces buena, complaciente, casi obediente, le traía un vago recuerdo de su difunta hija: y hasta creyó notar que en algo se parecía además, un poco a su mujer y a su madre. Todas bien formadas, esbeltas, de ojos claros y pelo negro. Todas bonachonas,° observadoras y muy hembras, pero no muy parlachinas.° Coincidían también en muchos ademanes. Un día dejó de sentirse cohibido en su presencia y, —"sin faltar al debido respeto"— empezó a tratarla con entera confianza. Ella le había tratado así desde el principio.

También pescaba ella. —"Una mujer."— ¡Cosa rara! Así se lo había dicho en cuanto le conoció. Pescaba por deporte, le aclaró luego. Pero esto no lo entendió del todo. El sabía lo que eran los deportes. En su opinión, juegos para muchachos como el de pelota. Pero la pesca no era un juego. Y menos para señoritas ricas y sabihondas. En fin, ya sabía que en los Estados Unidos había cosas tergiversadas,° nunca vistas. Insensiblemente, se le filtró una viva curiosidad por saber a ciencia cierta lo que era eso de pescar por deporte. Y, para qué servía. Porque, pescar de

---

estética   artística
añiles   azules
bonachonas   amables

parlachinas   que les gusta hablar
   mucho
tergiversadas   al revés

verdad, aquella muchacha no podía hacerlo. Aunque no le faltaba resistencia y destreza y era buen marino, en muchas otras cosas "estaba crudita." En conocimientos prácticos, sobre todo. Además, —"¡No podía ser!"

Pronto se le ofreció a Pedro oportunidad de presenciar el deporte de la pesca. De participar en él. Ella se lo propuso. Pero antes de claudicar y acceder hubo sus más y sus menos:°

—Señor Pedro, uno de estos días yo voy a salir "pescando" por mi cuenta "para" peces grandes en "los altos mares"; y quiero que usted nos acompañe y nos ayude.

—Yo de eso del deporte no sé ni lo que se le unta al queso,° doña Dorosita.

—Sí, seguro, usted será de mucha "utilización"° a nosotros.

—¡Qué va! Ni por pienso.

Y aquí, una pausa larga. Al rato, el pescador mordisqueó el anzuelo:

—Dígame, eso del deporte, ¿no es cosa de chiquillos?

—¡Qué va! Ni por pienso.

Pedro se echó a reír; y, por de pronto, no hubo más.

Dorothy volvió sobre el tema otro día tratando de conquistarle. En eso también se parecía a su hija. —"Siempre había de salirse con la suya. Y, siempre con artimañas."— Se dio cuenta de que acabaría yendo a ver lo que era aquello exactamente. Y tras varias escaramuzas,° de las que salía cada vez más ablandado así fue.

Primero tuvo que acudir a un gran hotel, algo mareante por su barroca ostentación,° su modernismo carente de sobriedad y por lo fatigoso de sus combinaciones de colores y materiales y la aparente de sus líneas rectas. Amén quebradura inesperada y sin propósito del gentío y el bulle—bulle. Aquí le esperaba Dorothy. Salieron juntos hacia el Club Náutico, donde se reunieron con otros pescadores espúreos,° vestidos con una algarabía de trajes en que, lo único común a todos era que quedaban hombres y mujeres más que medio desnudos. Les

---

hubo sus más y sus menos hubo dificultades para convencerse

no sé . . . queso no sé nada

utilización utilidad (palabra inventada por Dorothy por no saber bien el español)

escaramuzas encuentros, como entre adversarios (*skirmish*)

ostentación tendencia a ser demasiado llamativo (*gaudiness*)

espúreos falsos

aguardaba allí un yate de motor, con todo lo imaginable dentro. Pero aún tuvieron que esperar a que embarcaran una balumba° de equipo, aparejos, trebejos y tereques.° Más bebidas y comestibles sin cuento. Y las sempiternas° cámaras fotográficas. Había cañas, anzuelos y cordeles de todos calibres y diversas clases. Las cañas eran aparatos complicados con ingeniosos resortes y aditamentos accesorios cuya necesidad no se comprendía. Todas eran barnizadas, brillantes, relucientes, pulidas; y hasta con adornos de metales preciosos. Algunas acoplaban sus secciones, entrando unas dentro de otras, hasta reducirse a nada. Unas parecían látigos de circo, otras eran como bastones o antiguas varas de alcaldes. Ninguna tenía vitola° de caña de pescar. —"Y después de todo, ¿a son de qué tanto arsenal de cañas, cuando eso es lo único que se puede prescindir para pescar en serio?"— Pero lo que más le llamó la atención fueron las carnadas. No había una sardina. Ni pez verdadero de ninguna clase. En cambio, dentro de unos baulitos que se desgajaban en bateas al abrirse, había un sinfín de peces de aluminio, de pasta, de qué-sé-yo, imitando los verdaderos en formas, tamaños y ҫolores innumerables. Los había hasta fosforescentes, que dejarían en las aguas oscuras y profundas un rastro luminoso. Tales eran las únicas carnadas. En total: añagazas° fantasiosas, sin mayor ni mejor uso que cualquier "cuchara" de hojalata.° Tanto lujo tenía que costar cien veces, mil veces, lo que aquel grupo de chiflados en un año y medio y tres cuartos.

Y, salieron mar afuera por la boca del Morro.° Lo que pasó durante las incansables horas en alta mar, Pedro no quería ni recordarlo. No respiró a sus anchas hasta no ver de nuevo, cerca, el castillo del Morro; cuyas nobles proporciones que en su género, alcanzan la grandeza arquitectónica de las antiguas catedrales, le sirvieron de sedante.

En aquella clase de pesca —de algún modo había que llamarla— todo se hacía con gran despilfarro y desperdicio.° Había

---

balumba   gran cantidad

aparejos, trebejos y tereques   aparatos de todas clases

sempiternas   eternas

vitola   forma, apariencia

añagazas   *bait, lure*

hojalata   *tin*

boca del Morro   castillo del Morro: el castillo es una fortaleza construida a la entrada de San Juan junto al mar

despilfarro y desperdicio   *squandering and waste*

muchos inventos y embelecos para la comodidad de los pescadores —"pescanadas° eso eran— pero nadie estaba cómodo, al
contrario, parecían esmerarse en estar lo más incómodos posible.
Y, lo que se empeñaban en pescar era lo que costara más trabajo
y más riesgo. De exprofeso° se afanaban en traer a bordo lo que
menos pudiera remediar el hambre o satisfacer el paladar a nadie.
Todo de acuerdo con ciertas reglas difíciles y absurdas. Cuanto
más fatigosa era la lucha y más cruel y prolongado el "tira y jala"
del hombre con el pez, mejor, y más contentos todos. Una vez
cobrada y muerta la pieza, a menos que fuese enorme o con aletas
como velas o muy pintarrajeada, nadie la quería para nada y no
le hacían más caso. Varios, entre los más celebrados, eran peces
de carne venenosa —"pejes que comían cobre"— y, hasta los
distinguidos por su gran tamaño o rara apariencia, eran abando-
nados en cuanto los pesaban y medían y fotografiaban, en medio
de comentarios y alborotos. Y, para eso, se había derrochado un
dineral. Era como si la pesca se abochornara de gastos —"sin ton
ni son, por mero costar poco y pretendiera competir en chiste"—
con una central azucarera.°

Pedro, al principio intentó dar algún que otro consejo basado
en su experiencia. Pronto comprendió que lo que hacía aquella
gente no tenía nada que ver con la ciencia y el arte de un buen
pescador. Y, acoquinado,° se refugió en la proa, mirando al
horizonte y pensando con pesadumbre en su amistad con
Dorothy. Por primera vez en su vida sintió náuseas en el mar.
Tuvo que indignarse para no vomitar. Indignarse, con todo,
inclusive con Dorothy y con él mismo. Se sintió insultado.
Aquello era una burla de su oficio, un viceversa sin sentido. No
tenía pies ni cabeza. No tenía nombre. ¡No tenían perdón de
Dios!

En cuanto atracaron, saltó a tierra como huido,° casi sin
despedirse, atrapando, al pasar por frente al bar del club un
pedazo de hielo, alternativamente chupaba y se pasaba por las
sienes.

---

pescanadas cosas supuestamente
  destinadas para la pesca, pero que
  no servían para gran cosa
de exprofeso a propósito

central azucarera ingenio, instalación
  para la producción del azúcar
acoquinado humillado
como huido como si lo persiguieran

*   *   *

Para no volver a encontrarse con Dorothy, Pedro desapareció de Vacíatalegas. Pero unos días más tarde se le vio en Loíza-Aldea, camino de la antigua y agrietada parroquia. Podríamos decir que iba en busca de "los Doctores de la Iglesia," para una consulta inaplazable. Una duda le carcomía° por dentro, le comenejeaba en la cabeza, le roía el corazón —"Sería capáz de cambiarme el nombre, ¡manífica! ¡Arrenuncio!"

No encontró al cura, pero habló con el sacristán, hombre entendido en historia sagrada; y con la santera,° versada en vidas de bienaventurados. Su tocayo San Pedro, era ahora portero del cielo. En este mundo había sido apóstol, fue papa. El primer papa, según había oído decir. Y, teniendo esos. De ahí su horrible duda: —¿Pescador de verdad o por deporte?

Sólo un tanto más tranquilo por el favorable resultado de la consulta, se alejó gesticulando y hablando a voz en cuello:°

Deporte de lo que les dé la real gana. Pero no de pesca. Eso no es pesca. Es un vicio. ¡Carascho! ¡Carascho! Un vicio sin projimidad!

Y repitió entonces, una y otra vez la palabrota enfática, como pedrada ahora sin disimulos arcaicos ni dulcificaciones lusitanas° de pronunciación desfigurada con jota castellana, gutural,° como el restallar de foetazo.°

Unas buenas comadres que se le cruzaban, se pararon en seco sorprendidas. Increíble eso en Pedro. Luego se le explicaron. Debía tener calentura, malaria, paludismo. El pobre Pedro, ¡ay bendito! Un hombre tan hombre, tan él.° Y, ¡tan solo! —¿por qué no se casaría?

carcomía   obsesionaba
santera   mujer conocedora de la vida
   de los santos
a voz en cuello   en voz alta, aunque
   hablaba a solas
dulcificaciones lusitanas   cambios de

ciertos sonidos como si hablara
   portugués
gutural   producido en la garganta
foetazo   sonido de un fuete (*the crack
   of a whip*)
tan él   tan dueño de sí mismo

Preguntas sobre contenido

Preguntas orales:

1. ¿Quién era Pedro?
2. ¿En dónde no le gustaba pescar?

3. ¿Qué les había pasado a su esposa y a su hija?
4. ¿Cómo se vestía Pedro para trabajar?
5. ¿Cuál era el propósito profesional de Pedro?
6. ¿Qué le hacía perder la paciencia?
7. ¿A quiénes creía Pedro que podrían ser los norteamericanos que encontró en Vacíatalegas?
8. ¿Quién era Dorothy?
9. ¿Por qué cultivaba Dorothy los deportes?
10. ¿Por qué había ido a Puerto Rico?
11. ¿Por qué se sintió defraudada?
12. Para escapar, ¿qué decidió hacer?
13. ¿Qué tuvo que vencer Pedro en sus relaciones con Dorothy?
14. ¿Por qué pudo llegar a sentir tanta simpatía por Dorothy?
15. ¿Qué sintió Pedro viva curiosidad por saber?
16. ¿Qué era lo que más le llamaba a Pedro la atención entre las cosas que llevaban a bordo del yate los turistas?
17. ¿Qué intentó hacer Pedro al principio del viaje?
18. ¿Qué sintió por primera vez en su vida?
19. ¿Por qué desapareció de Vacíatalegas?
20. ¿Qué quería preguntarle al cura?
21. ¿Qué pensaban las "buenas comadres" que debía hacer Pedro?

Ejercicios creativos

Preguntas para motivar discusiones o para
servir de base a composiciones cortas:

1. ¿Por qué se describen Pedro y Dorothy con tantos detalles?

2. ¿Qué entendía Pedro por "vicio sin projimidad"? ¿Por qué le parecía la forma de pescar de los turistas un vicio sin projimidad?

3. Dorothy se sintió defraudada en Puerto Rico porque se encontró presa "en una especie de extraterritorialidad incrustada en el país." ¿Qué quiere decir esto? ¿Implica una crítica contra la industria turística en Puerto Rico en general? Comente lo bueno y lo malo del turismo.

4. Si Pedro hubiera ido a Massachusetts, ¿le hubiera pasado algo parecido a lo que le sucedió en sus relaciones con Dorothy?

5. ¿Por qué habla el autor de un "recíproco mal entendido"? ¿Hubo mal entendido de parte de Dorothy en cuanto a Pedro? Explique.

6. ¿Qué era lo que más hería a Pedro?

7. ¿Cree usted que el autor por medio de Pedro y Dorothy trataba de ejemplificar los problemas de incomprensión que puedan surgir o que hayan surgido entre el pueblo puertorriqueño y el norteamericano? ¿Hasta qué punto es Pedro típicamente puertorriqueño? ¿Dorothy típicamente norteamericana?

"Oh, sey can yu sí baí de don-serly laí..."

Jaime Carrero

Este es el primer capítulo de la novela, *Raquelo tiene un mensaje* por Jaime Carrero que trata de los problemas de un puertorriqueño criado en Nueva York que va a Puerto Rico a enseñar inglés en una escuela pública a nivel de quinto grado. Es el fin del año escolar, y encontramos a Wayne Rodríguez en el momento de entrar en la escuela. Va recordando todo lo que le ha pasado durante el año, sobre todo sus primeras impresiones del primer día de clases. Se acuerda de cómo empezó mal su carrera de maestro con el problemita de los himnos —*La Borrinqueña* y el *Star Spangled Banner*. La creencia de Wayne, basada en sus estudios pedagógicos, de que los alumnos no debían cantar algo que no entendían, lo había llevado a la primera de una serie de dificultades con el principal de la escuela y con el sistema de enseñanza local, que a la larga dieron lugar a que quedara despedido de su puesto.

EL PERFIL del himno de los Estados Unidos° de América comenzaba a viajar por todos los rincones de la Escuela Hawthorne de Pueblo S cuando llegué al portón de alambre.° Entré acompañado del *juat so prouly ui jeil at the tuilai las gliming*, en un acento duro y conocido, como era el acento de los niños de esta escuela. No había un alma por los alrededores. Sólo los bancos de cemento, ésos que dicen: «Donado por la clase del 1948» o «En honor a nuestro prócer° Hostos»° o, sencillamente, «Obsequio° de Ron Blanco, la verdadera calidad.» Pero es que el aire de la mañana de mayo (terminando el curso escolar), me trajo los recuerdos que me acompañaban cuando caminaba rápidamente

himno de los Estados Unidos
  American National Anthem
alambre   hilo de metal *(wire)*
prócer   hombre históricamente
  importante
Hostos   (1839–1903), destacado
  educador, literato y político. Nació

en Mayagüez en el oeste de Puerto Rico, pero llevó a cabo una gran labor docente en Santo Domingo, donde fundó la Escuela Normal y donde murió. Defendía el ideal de la unión de los países antillanos.
obsequio   regalo

hacia mi salón de clases, en el edificio amarillo-canario, el edificio más grande de la escuela, en donde se suponía que yo enseñara inglés. A veces debo hablar en pasado. Allá adentro, en cada salón: setecientos niños. Diríase° que todos estaban en el mismo salón. Yo no veía la diferencia. Mis discípulos de quinto grado también.

Sabía que era tarde, el himno me lo decía (Libia y San Juan destruyeron mi sentido del tiempo); pero sabía además que el principal, Mr. Carlino, esta vez no estaría espiándome ya que «todo era cuestión de tiempo» (Mr. Carlino tenía la seguridad de haberme ganado el último *round;* y, mis días estaban contados y los días difíciles de él también). Yo sabía todo eso. No tenía que esperar un milagro. Es más, todos los niños lo sabían (con la gran diferencia en mi contra, de que los niños no conocían las razones).

Sólo Lucas, el Conserje, el F.B.I. del principal, había pasado como una sombra fugaz.° Pasó sin mirarme. También su trabajo estaba hecho.

Oh, sey do dat estar-espangel baner jet weiv over de land . . .

Por ahí entonaban el himno cuando subí los escalones rumbo al° segundo piso en donde mis discípulos también cantaban ahora: «Sin mi permiso,» *of de fri an de jom of de breiv . . .;* en el acento herrumbroso° que tanto parecía apreciar Mr. Carlino y que yo detestaba tanto porque no era ni una cosa ni la otra.

La ráfaga° de aire fresco de «La tierra de borinquen, donde he nacido yo,»° había pasado. Ahora yo subía los escalones de la larga escalera, en dirección a mi salón, derecho a mi salón, al salón en donde mis estudiantes, tiesos como varas de árbol seco,° con bocas en punta de *O,* la mano derecha de todos en el pecho, los ojos fuera de ritmo; todos, como pidiendo aire, porque la repetición que se hacía día tras día les había robado la esponta-

---

diríase se diría, se podría decir
fugaz rápida
rumbo al con dirección al
herrumbroso rusty
ráfaga brisa

"La tierra de borinquen donde he nacido yo." Una línea de "La Borinqueña," el himno de Puerto Rico.
tiesos como varas de árbol seco rígidos como ramas de árbol seco

neidad° de sus ojos, de sus bocas y de sus cuerpos secos por otras razones que no se mencionaban en el himno.

Luisa estaba allí dirigiendo a los niños como si ellos fueran la orquesta «Del Festival Casals.»° Sin preocuparme eso entré (Luisa no me había visto). Dejé mi libreta sobre el escritorio (entonces, Luisa me vio) y me fui a parar cerca de la ventana, a respirar el aire que le estaba faltando a los niños. Luisa había estado dirigiendo como si se tratara de los comienzos de un juego de pelota entre *los ángeles* y los *yankees*. «¿Ven?,» diría ella, «dentro de poco verán a los Yankees y a los Angeles.» Luisa iba sirviéndose bien, hasta que me vio. Lo del juego de pelota era mi invención, de todos modos. Y, parece ser que Luisa prefería el Festival. Dirigir era una cosa. Verme a mí, otra cosa. El diablo en persona. Belcebú.° Luisa dio el *about face* y salió.

La Borinqueña había pasado; ahora yo recordaba a mis padres.

(Naciste en la isla. Ahora no te podemos llevar, pero debes ir cuando seas grande. Es realmente bonita. Cuando mejoren las cosas. Hemos querido hacerlo, no nos culpes.)

Siempre el recuerdo inoportuno.° Siempre la sorpresa del recuerdo inoportuno. Todo, como para hacerme recordar el precio de las cosas. ¿Cuánto voy a perder? ¿Cómo ha de cambiar esto las cosas? Y, lo otro, ¿valdrá la pena° quedarme?

«Eres un idealista,» había dicho Toledo. «A los idealistas lo que les queda es una buena patada por el culo.» Al final de cuentas, el mismo Toledo estaba pagando algo de la misma culpa de Pueblo S (si es que los pueblos mismos pueden ser culpables).

---

espontaneidad   calidad natural
Festival Casals   festival que se celebra todos los años en honor a don Pablo Casals, destacado músico español que durante los últimos años de su vida residía en Puerto Rico. Su instrumento preferido era el violoncelo. Murió el 22 de octubre de 1973.

Belcebú   otro nombre para el diablo

inoportuno   inconveniente

¿valdrá la pena?   ¿deberá hacerse? *(Will it be worth it?)*

* * *

—¿Cómo le gusta la bienvenida?

La pregunta de Mr. Carlino refiriéndose° al himno americano. La sonrisa amplia de la bienvenida. Pero eso había sido la primera vez. El primer día de clase. Y, eso era agosto.° Para ese tiempo mi salón era la caseta° de la entrada, cerca del portón de alambre. El principal había bajado de su oficina del segundo piso del edificio amarillo-canario; o, a lo mejor, no había subido todavía porque eran las ocho y cuarto de la mañana y él nunca llegaba antes de las nueve. Pero el hombre era honesto; siempre pasaba por la oficina del superintendente antes de venir a su trabajo (parecía «confesarse» todos los días). Lucas, el perro faldero° (¿o sería mejor decir *perro policía?*), acompañaba al principal. A lo de *la bienvenida* yo no supe qué contestar y tampoco recuerdo el tipo de expresión que debí poner porque nunca estoy seguro de mis reflejos emotivos.° Lo cierto es que no dije nada. Quizás, sonreí.

Lo que yo consideraba una pérdida de tiempo, el principal lo veía como la cosa más importante del mundo. Y, yo tenía otras razones para el himno americano, pero ese primer día la razón que yo tenía todavía estaba como una copia de papel carbón en mi memoria. Recuerdo de niño haber cantado el himno de los Estados Unidos en las escuelas de Nueva York, especialmente en P. S. 17; pero creo que ya eso no se hace. En la escuela superior lo hacíamos sólo en los *assemblies.*

—En Pueblo S es el único sitio en donde todavía se cantan los himnos. Si quieres te puedo llevar a Mayagüez..; allí no se cantan.

Fue Baeza, el maestro de los ojos llorosos, el que enseñaba matemáticas a niños de sexto grado, el que me contó lo de Mayagüez. El *¿Cómo le gusta la bienvenida?,* quería decir *¿Ve usted?, lo recibimos con su música.* Y, ¿a mí qué? Para los efectos, el himno siempre me recordaba el Ebbets Field en la época que los Dodgers eran reyes en Brooklyn.

refiriéndose   con referencia a
eso era agosto   las clases en las
  escuelas de Puerto Rico comienzan
  en agosto y terminan en mayo
caseta   casa pequeña pero no para
  vivir

perro faldero   perro pequeño que
  cabe en una falda. Aquí se refiere
  a Lucas en estos términos porque
  siempre seguía al principal como un
  perrito.
emotivos   emocionales

Ese primer día, el principal había continuado:

—Estamos orgullosos de nuestras dos ciudadanías.

La magnanimidad° del principal me supo a chiste porque parecía decirme *¡lo ve!, usted nació allá y nosotros le damos la bienvenida dos veces.* Era una especie de *You see? No hard feeling.* La crema alrededor del bizocho. La lija de costumbre.°

Yo iba sintiendo ya cierto desprendimiento° interior, algo así, como cuando la policía nos decía: *Boys, you better behave because we are nice to you;* que si no nos portábamos bien (tú te portas bien y yo me porto bien con ustedes), entonces venía el *Bastards! You bunch of pigs.* Y, de ahí al bofetón o la patada era cuestión de dos *Spicks* más.

Eso era exactamente lo que yo iba intuyendo:° «¿Ves? Soy bueno contigo. Pórtate bien conmigo.» Tú me rascas y yo te rasco a ti.

Lo único que el principal no sabía era que yo había nacido en la isla. Pero era su bienvenida oficial y yo no se la iba a aguar.°

—Para niños de ese ambiente suena bien, ¿eh?

El principal. «Para niños de ese ambiente.» El principal dijo *de ese ambiente* como si hablara de las ruedas de los carros porque miró al suelo. Los niños eran piedra, alambre mohoso,° tablas vejas, clavos doblados, manchas de aceite, colillas° de cigarrillo, esputo.°

Después de referirse a los *niños de ese ambiente* («Para ese ambiente suena bien»), Mr. Carlino dijo que tenía prisa, que no podía quedarse, que hasta luego.

Instantes después yo sostenía un largo diálogo° con mis estudiantes de quinto grado (con mi primer grupo) pasando por alto° el plan de clases que tanto trabajo me había costado. Siempre ha sido así conmigo y con las cosas que hago. Preparo mis notas, las arreglo en cierto orden lógico, las divido en partes, me vuelvo loco sobre las cosas, rebusco° el más mínimo rincón de mi

---

magnanimidad generosidad
la lija de costumbre *the usual patronizing attitude* (lija: *sandpaper)*
desprendimiento falta de interés directo, frustración momentánea
yo iba intuyendo iba dándome cuenta como por intuición
y no se la iba a aguar no la iba a dañar (Cf. aguafiestas: *party pooper)*

mohoso oxidado *(rusty)*
colillas lo que sobra de un cigarrillo *(butts)*
esputo saliva *(spit)*
sostenía un largo diálogo yo estaba conversando
pasando por alto sin tomar en consideración
rebusco busco con cuidado

cerebro para que todo quede bien... y, termino echándolo todo a la basura o termino improvisándolo todo.° Ya Libia me había hablado sobre mi manía del análisis, pero eso lo contaré más tarde. Aquella primera clase está frente a mis ojos ahora mismo. Las mismas caras que me miraban ahora eran las mismas de aquel primer agosto. Caras nuevas, curiosas con la eterna pregunta saliendo de sus ojos. La eterna pregunta del *qué hacemos ahora.* Generalmente no me gusta romper las reglas. Así fue con la marihuana. Tampoco yo quería romper las reglas de mi casa. ¿Qué diría mi padre si me viera fumando la hierba?° ¿Qué pensaría mi madre? Su hijo bien educado. Su hijo enseñado a fuerzas de la ira de Dios. Pero eché al zafacón los consejos y aprendí duramente por mi cuenta que tenía que hacerlo, fumar y salir por mi cuenta de la encrucijada° del vicio. Desde luego, eso no lo sabía Mr. Carlino y yo no pensaba decírselo. Con la marihuana fue la curiosidad. Ahora, con los himnos era una duda pedagógica.° O si la palabra suena dura y pedante,° con los himnos yo tenía cierta duda y quería deshacer mi curiosidad a fuerzas de probar otros caminos. En ningún momento pensé en las consecuencias. Ese es mi mayor defecto: no pensar en el próximo *round.*

—Mire, Mr. Wayne— dijo Juanita (ellos siempre me decían Mr. Wayne en vez de Mr. Rodríguez), —esa señorita Miss Toledo nos hizo cantar el himno.

Juanita me hablaba en *ahora* y yo pensaba en *ayer,* en mi primer agosto.

—Cálmense, no ha pasado nada. Cuando yo esté presente, ustedes siguen lo que acordamos en agosto pasado.

Y, de agosto pasado era que yo hablaba; de ese ayer que no se apartaba de mí ni un segundo, aunque estuviera con mis estudiantes ahora y no hiciera ni dos minutos que Luisa Toledo desapareciera° con su batuta° del Festival y todo: himnos, Angeles, Yankees, Ebbets Field...

El diálogo con Juanita terminó ahí. El otro diálogo, el de agosto pasado, el crucial; ése, aún estaba ahí, molestándome,

---

improvisándolo todo haciéndolo todo sin previo plan
la hierba *the weed, marihuana*
encrucijada donde se cruzan dos caminos *(crossroads)*

pedagógica relativa al valor educacional
pedante *vain, high sounding*
desapareciera había desaparecido
batuta *baton*

recordándome que de los himnos era que todo salía y, por eso, el diálogo seguía al rojo vivo, encajado en mis huesos como una astilla.°

¿Qué diría el Reverendo Edwards?

> Rev. Clarence P. Edwards
> B. A. (W. College) 1931
> M. A. (C. University) 1938
> Tr. D. (Y. University) (in progress)

¿Qué habría hecho el Reverendo? Las preguntas estaban de más. Yo lo sabía. No había manera de saber lo que el Reverendo habría hecho. Ni lo que habría dicho en un caso así. La curiosidad siempre ha sido más potente en mí que el sentido común. Desde luego, ahora reconozco esas cosas. Antes, el buen juicio° era una cosa de domingo, de ir a misa sin saber por qué. El Reverendo habría comenzado con un *Dear Wayne* (siempre me decía Dear Wayne cada vez que me hablaba en serio). Ese *Dear Wayne* quería decir: ten calma, tengo más experiencia que tú, no te precipites.°

Esa primera mañana de agosto me dejé ir por el impulso. A veces no sé si por impulso o por qué. Lo que reconozco es que me dejé ir.

(Apunte. Conferencia.)

Aunque los rusos o los norteamericanos nunca encuentren nada importante en la luna, vale la pena la exploración que se lleva a efecto. Aunque se gasten billones y billones, porque la razón detrás de todo esto es siempre la curiosidad y la curiosidad no tiene valor metálico;° ni se llama rublo° ni se llama dólar. La curiosidad es quizá lo único que descubre la educación en el ser humano y es, por consiguiente, el único rasgo verdadero del ser civilizado. El defecto mayor del hombre siempre ha sido el miedo a la curiosidad y el miedo a explorar porque se teme a las consecuencias.

astilla　fragmento pequeño y agudo de madera	**no te precipites**　no te des prisa
buen juicio　sentido común	**valor metálico**　valor monetario
	rublo　moneda de dinero ruso

(Noticia.)

...y, el acusado explicó el motivo: «Sentí curiosidad por saber lo que se siente cuando uno exprime la última gota de sangre de un perro para saber cómo es que se muere...»

En seguida que el principal desapareció me dediqué a *curiosear* el himno norteamericano cantado en la única escuela de Pueblo S, la Nathaniel Hawthorne, según lo dicho por Baeza. A lo mejor se cantaba en otros sitios de Pueblo S, pero me importaba esta escuela porque en ella era que iba a enseñar el inglés. Ese primer día dije que me llamaba Wayne Rodríguez, que íbamos a aprender inglés juntos y que quería hacerles unas preguntas. Convencido de que los colores como las palabras se enseñaban en su forma más abstracta cuando la capacidad del niño estaba lista para recibir eso como alimento, dije:

—Tú, ¿cómo te llamas?

—Juanita Ruiz.

—Dime, Juanita, ¿te gusta cantar los himnos?

—Sí, me gusta.

—Los dos himnos, supongo.

—Sí.

Voz dulce, como de gelatina.°

—Juanita, ¿te gusta cantar en inglés o en español?

Cara seria. Parece buscar la contestación en sus zapatos.

—En los dos...

Los niños estaban atentos. No parecía que estuvieran acostumbrados a contestar preguntas directas.

—Dime, Juanita, ¿qué quiere decir la palabra *star* para ti?

Juanita buscó de nuevo en sus zapatos. Entonces, yo dije *estar* por *star,* que era como lo había escuchado en las voces del himno.

—Ah, *estar* quiere decir estrella...

Ruidos° y risas en el salón. Diciendo, tal vez, *sabemos.*

Luego, pregunté:

—¿Y, *dawn?*

—No sé.

gelatina *gelatin*   ruidos *noise*

—¿*Proof?*

—No sé.

Por ahí seguí con otros niños: —*Thoughts?* «No sé»; *Gallantry?* «No sé»; *Flag?* «Bandera»; *Bursting?* « No sé » ; *Perilous?* « No sé.» ¡No sé, no sé, no sé! . . . Los *no sé* iban y venían de fila en fila y de cara en cara. Los *no sé* desfloraban ya mi curiosidad.

Pasé por todas las caras y volví a Juanita:

—¿Qué crees tú que dicen las palabras del himno de los Estados Unidos?

Meneo de cabeza. Parpadeo de ojos.

—Algo de la bandera…, de una bandera…

—Y, ¿qué más?

—No sé.

Yo no intentaba saber más que el Reverendo Edwards. Yo no quería ser tan listo. Todo lo que sabía era que yo era el maestro de Quinto grado. Yo. Nada de lo que había aprendido en pedagogía me daba una solución fácil para el himno.

Los estudiantes no deben repetir palabras cuyos significados no hayan sido definidos. Los sonidos son la primera fase de los lenguajes. El vocabulario es importante si se sabe de antemano que el sonido es…

Nada. Nada me decía a mí que el *Star-Spangled Banner* cabía allí. No cabía.

Audio-Oral or Audio-lingual first…

No cabía. Por lo menos, no cabía ahora.

¿Había intentado alguien lo que yo intentaba ahora? ¿Habría tenido suerte alguien con este *sondeo*° al que me dedicaba el primer día? Y si alguien había intentado lo que yo, ¿cuáles eran los resultados y cuáles las consecuencias? ¿Qué habría dicho el principal en un caso así? Lo que sé es que lo que llaman *cociente de inteligencia,*° parecía haberse evaporado del grupo; como que

---

sondeo investigación

cociente de inteligencia I.Q.
(intelligence quotient)

yo no sentía «bordes»° en mi búsqueda;° como que todo era difuso, in-medible° (si se puede usar la palabra). Sentía yo la sensación que siente uno en el mar cuando uno trata de avanzar rápidamente y no puede; una sensación como la que debe sentir un ciego cuando sabe que está cerca de un bulto° y no puede precisar lo que es; pero puede *reconocer* su presencia, aunque se quede ahí, eternamente, porque nadie puede quitarle el bulto del frente.

Yo intentaba sacar el bulto del frente de todos modos. Por eso, hablé de *La Borinqueña* con los niños.

De *La Borinqueña* me dijeron más. Recuerdo que escribí las contestaciones que había escuchado; mejor digo, las que recordaba. Al llegar al hospedaje Marisa, la joven universitaria, me había preguntado que si iba torpedeado porque había hecho un viraje° violento hacia mi cuarto para copiar las contestaciones que había escuchado de los niños.

«Boriquén es un nombre indio.»

«Borinquen es la isla.»

«Uno vive en la isla del sol. Hay palmas.»

«Dice que yo nací en la isla y veo el sol.»

«Colón vino y vio a Puerto Rico y la descubrió.»

«Como hay tantas palmas y tantas cosas verdes, este es un jardín.»

«¿Primor? Que es un jardín bonito.»

«Que hay mar y jardines y palmas y verde y azul y flores.»

Yo no iba *torpedeado.*° No quería perder ni un detalle de lo que había escuchado. Además, quería estar seguro de hacer una decisión correcta. La decisión tenía que ser correcta desde el punto de vista lingüístico. Escribí en mi diario:

«Contestaciones salen de un grupo pequeño. Mayoría hace mohines° tímidos. Me satisfizo resultado. Saben más del himno de Puerto Rico. He llegado a una conclusión.»

---

bordes límites
búsqueda   el acto de buscar
difuso, in-medible   que no se pueden
   distinguir los límites
un bulto   un objeto grande

viraje   cambio de dirección

torpedeado   dando la impresión de
   ser disparado como un torpedo

mohines   gestos

Sin pedirle permiso a nadie hice mi decisión. Veredicto:

—Desde hoy en adelante no cantaremos más el himno de los Estados Unidos. Sólo después que yo les haya explicado lo que quieren decir las palabras, entonces, lo volveremos a cantar.

Así de claro. En español. Porque jamás habrían entendido su traducción. Lo repetí. Claramente. No quería dudas ni malas interpretaciones. Los niños siempre son el barómetro° de lo que el profesor hace y dice. Son críticos más sabios que los supervisores. No le tienen miedo a la verdad estos niños porque aún no conocen ellos sus propias intenciones.

barómetro   aparato para predecir el
   tiempo *(barometer)*

Preguntas sobre contenido

Preguntas orales:

1. ¿La narración empieza al principio o al final del año escolar? ¿Cómo se sabe?
2. ¿Cuántos estudiantes había en la escuela?
3. ¿Quién era el "espía" del principal? ¿Cuál era su trabajo?
4. ¿Cómo dirigía Luisa a los estudiantes?
5. ¿Cuál es otro nombre de Belcebú?
6. ¿Dónde estaba el salón de clase de Wayne?
7. ¿A qué hora llegaba el principal, Mr. Carlino, a su trabajo?
8. ¿Dónde había nacido Wayne?
9. ¿Qué grado enseñaba él?
10. ¿Qué había hecho Wayne en contra de los consejos de sus padres?
11. ¿Qué quiere decir Wayne con, "ese es mi mayor defecto . . . no pensar en el próximo round"?
12. Según Wayne, ¿cuál era el defecto mayor del hombre?
13. ¿Sabían los estudiantes el significado de las palabras?
14. En su búsqueda, ¿cuál era la sensación que sentía Wayne?
15. ¿Por qué iba Wayne "torpedeado" hacia su cuarto?
16. ¿Cómo reaccionaron los estudiantes a las preguntas?
17. ¿Qué decidió Wayne en cuanto al himno americano?
18. ¿Son buenos críticos los niños? Explique.

Ejercicios creativos

*Preguntas para motivar discusiones o para
servir de base a composiciones cortas:*

1. El primer día de clases, ¿qué impresión errónea tenía el principal, Mr. Carlino, en cuanto a Wayne Rodríguez?

2. ¿De qué estaba orgulloso el principal?

3. ¿Por qué se ofendió tanto Wayne con la frase del principal—"niños de ese ambiente"? ¿Qué quería decir? ¿Cree usted que muchos niños no hagan buenos trabajos en la escuela porque la maestra no espera nada bueno de ellos? (Esto se llama a veces "Self-fulfilling prophecy.")

4. Explique algunas de las ideas y algunas de las dudas que tenía Wayne en cuanto al papel de la curiosidad en la educación. ¿Hasta qué punto cree usted debe cultivarse la curiosidad?

5. ¿Está usted de acuerdo con la idea de Wayne de que los alumnos no deben cantar algo que no entienden? Para hacer su decisión Wayne se basa en el hecho de que los alumnos desconocen el inglés, y por lo tanto no entienden la letra del *Star-Spangled Banner*. Cabe preguntar si dentro de los mismos Estados Unidos continentales los niños de habla inglesa entienden siempre la letra del himno nacional, o si esto es importante.

6. ¿Tendría razón Toledo de que no vale la pena ser muy idealista? ¿Es verdad esto sobre todo tratándose de un maestro de escuela?

7. Wayne dice que "preparo mis cosas . . . y termino echándolo todo a la basura." ¿Qué quiere decir? ¿Cree usted que ha habido veces en que una clase que podría haber resultado bien interesante se haya echado a perder porque el maestro insistía en ceñirse a un plan y no dejaba rienda suelta al entusiasmo de los alumnos?

8. ¿Qué problemas cree usted confronta un neorriqueño (es decir —de padres puertorriqueños pero criado en los Estados Unidos) cuando va a Puerto Rico? Si usted es de origen puertorriqueño, y ha ido a Puerto Rico alguna vez, podría comentar sus propias experiencias en este caso.

El zepelín del jorobado

Wilfredo Braschi

TENIA LA TRAZA triste y escuálida° de niño de barrio pobre. Grandes ojos negros, la boca de anciano y un andar cansino, como si hubiese venido al mundo cargado de años, con vidas anteriores en la reseca piel o con todos los calendarios entre pecho y espalda. El pecho se le hundía cóncavo° y la espalda se le erguía° a modo de forúnculo.° Así le veo: los libros y los cuadernos cabalgando en su jorobilla° de pequeño Job,° mínimo Quasimodo° perplejo y cegato° por las calles de piedra, asfalto y lodo.

Pocos hablaban con él en la escuela, y yo —hijo del maestro y medio salvaje al puño limpio°— sí lo estimaba de veras. Su padre, contaba él, era dueño de un zepelín,° nada menos que de

85

un dirigible hinchado como el sueño de su larga y brillosa cabeza rapada. Aseguraba muy en serio que un día montaríamos en el plateado vehículo. ¿Cómo no ir con Baltasar a su casa y emprender desde allí un periplo° por la cáscara de nuez° que es la tierra?

¡Qué bello universo el de los niños! Baltasar, apenas cuatro pies sobre el polvo del camino, insistió en llevarme ante el héroe de su vida, que, según él, solía° pasearle por lo alto con la rapidez del aire o de la luz.

Fuimos a verle. Revivo hoy el tránsito hacia su hogar, más allá de la verja que dividía su barrio del mío. Se escuchaba aquí el *toc toc* del martillo del zapatero, por allá estallaba el rubí de fuego en la fragua del herrero° y su fuelle° hacía saltar chispas calientes.

Arrabal adentro apareció, aplastada y de rodillas, la casa de Baltasar, y en el marco de la puerta —no sabía yo quién entonces— el magnífico y fabuloso señor del zepelín: su padre. La carota, un semillero de verrugas,° velludo el pecho de simio,° colgantes las manazas. Escupía tabaco por entre las paletudas° ruinas de los dientes.

La voz de Baltasar surgió de su antigua y recién nacida boca —ahora recuerdo que sus labios cambiaban: a veces parecían de viejo, a rato de bebé— y desmadejó la petición:°

—Papá, aquí está mi amigo. Quiere que le lleves conmigo en el zepelín. ¿Verdad papá, que le llevarás también?

Nunca he visto a nadie tan rabioso ni a un ser humano tan fuera de sí. El padre de Baltasar, con la cara morada, las sienes° hinchadas y los labios salpicados de espumarajos blancos, gritó hecho un trueno:

—¡Encima de jorobado eres loco! ¡Maldita sea la hora en que naciste!

No sé lo que pensé o dije. Sí recuerdo al jorobado Baltasar del

---

periplo   viaje
cáscara de nuez   *nutshell*
solía   acostumbrada
herrero   persona que trabaja forjando metales
fuelle   instrumento para soplar para hacer más caliente el fuego (*bellows*)

semillero de verrugas   que tenía muchas verrugas (*seed bed of warts*)
simio   mono grande (*ape*)
paletudas   en forma de pala
desmadejó la petición   le pidió
sienes   lados de la cabeza cerca de los ojos

tamaño de una lágrima, tan deshecho° como el Graff Zeppelin° y en cenizas su mundo de sueños.

Y sentí que mis puños de boxeador en ciernes° no servían para nada.

deshecho desconsolado, triste, avergonzado
Graf Zeppelin un famoso zepelín alemán que dio la vuelta al mundo en 21 días en 1929. La mayor parte de los zepelines tuvieron un fin trágico. La destrucción del Hindenburg en 1937 terminó la era de los grandes dirigibles.
en ciernes principiante

Preguntas sobre contenido

Preguntas orales:

1. ¿Cómo era Baltasar?
2. ¿Dónde cargaba sus libros?
3. ¿Quién era el narrador?
4. ¿Qué talento especial tenía?
5. Según Baltasar, ¿de qué era dueño su padre?
6. ¿Para qué invitó Baltasar a su amigo?
7. ¿Quién era el héroe de la vida de Baltasar?
8. ¿Cómo reaccionó el padre ante su petición?
9. ¿Cómo recuerda el narrador a Baltasar?
10. ¿Qué sintió el narrador ante lo que le pasó?

Ejercicios creativos

*Preguntas para motivar discusiones o para
servir de base a composiciones cortas:*

1. ¿Cree Ud. que Baltasar supiera de antemano qué pasaría si llevaba a su amigo a ver a su padre?

2. ¿Cómo usa el autor la descripción del padre para contrastar el sueño con la realidad?

3. ¿Quién es el que cuenta la historia? ¿Tiene algún valor especial esto?

4. ¿Cree usted que el amigo que relata el cuento realmente esperara encontrarse con un zepelín? En relación a esto, ¿tiene algún significado el hecho que los dos vivían en barrios distintos? ("más allá de la verja que dividía su barrio del mío")

5. ¿Qué significa la frase: "Sentí que mis puños de boxeador en ciernes no servían para nada"?

La híel
de los Caínes

Tomás Blanco

UCAS Y Mateo eran dos hombretones° jóvenes en salud. Mateo tenía un oficio: era albañil.° Lucas, con algunas más letras° y más holgados recursos familiares,° había sido aprendiz de varias cosas; pero no era maestro sino en vivir "a lo que cayera" —como decía él— empleándose hoy en una chamba y mañana en otra. Con sobrada frecuencia se las arreglaba para no trabajar en cosa alguna, recostándose en el amparo del hogar paterno y las benevolencias° de la madre. Una vez fue quincallero° ambulante. Había temporada en que cuidaba gallos de pelea o revendía billete de la lotería. De cuando en cuando, se ocupaba también en algunos quehaceres menores del garage del pueblo, porque allí se atraía el ambiente de briba y de trajín° que creaba en los alrededores la bulliciosa frecuentación de automó-

hiel   bilis *(bile)*, bitterness
Caínes   se refiere a Caín, el hermano de Abel en el relato bíblico. Caín le dio muerte a Abel.
hombretones   hombres fuertes
albañil   trabajador en la construcción de casas de concreto
con algunas más letras   con más educación académica
más holgados recursos familiares   teniendo más dinero

las benevolencias   la buena voluntad, generosidad
quincallero   persona que vende en cantidades pequeñas
ambiente de briba y de trajín   ambiente relajado de mucha actividad
automóviles de línea   automóviles como taxis que siguen una ruta fija (se llaman también *públicos* en Puerto Rico)

89

viles de línea° y guaguas° trashumantes. Por algún tiempo, hasta se metió a chofer, sin la licencia necesaria para ello. Según él, había sido, en esa ocasión, chofer *a la brava,* por sus pantalones;° pero, en verdad, lo fue por condescendencia pública,° por negligencias de la Policía, y por complicidad del dueño de la destartalada° camioneta que guió. Hasta que sobrevino el "accidente" inevitable.

Aunque existían hondas diferencias de carácter entre Mateo y Lucas, se les veía mucho juntos; y, les tenían por amigos íntimos.° En rigor, se trataba de una relación bastante circunstancial y precaria,° porque Lucas era demasiado voluntarioso° y egoísta para llevarse enteramente bien con nadie. Engañándose a sí mismo, no creía necesitar de afectos bien cimentados ni del trato normal con los demás; pero le importaba mucho suscitar en sus congéneres° cierto tipo de impensada y momentánea admiración babieca,° que nada tiene de común con el aprecio y la estima. Cuando ni ese fuego fatuo° conseguía, se malconformaba llamando sobre sí la atención del prójimo por los medios absurdos y triviales que utilizan los niños antes de alcanzar la edad de la razón. Nunca se sentía dispuesto a cultivar con alguna constancia otra cosa que no fuera la arbitrariedad de sus caprichos; aunque así derrotara sus propias ambiciones, y, aún a veces, sus gustos. Ponía, en todo ello añadiduras de petulante desfachatez,° algo forzada. Y, en el hondón° oscuro de su ánimo, arrastraba un dudoso concepto de sí mismo. Pero Mateo—a quien sobraban amigos cordiales donde quiera—procuraba llenar un poco el vacío total de amistades en que Lucas vivía. Movido por una especie de comprensión zahorí,° y por sus inclinaciones generosas, Mateo le brindaba, espontáneo y sincero, su compañerismo. Lucas sólo aceptaba la mera compañía.

---

guaguas autobuses en Puerto Rico
a la brava, por sus pantalones actuar sin autoridad y sin importarle las consecuencias
condescendencia pública la buena voluntad pública: que el público lo aprueba
destartalada vieja y en mal estado
les tenían por amigos íntimos les consideraban buenos amigos
precaria poco estable

voluntarioso terco, determinado a concluir una acción
congéneres compañeros
babieca boba, ignorante
fuego fatuo admiración falsa (*will o' the wisp*)
petulante desfachatez descaro con falsos aires de importancia
hondón profundidad
zahorí adivinadora

Entre sus edades no mediaba gran desigualdad.° Se conocieron en la niñez: en la escuela, en los juegos y en las travesuras. Luego fueron vecinos cercanos, cuando Mateo, al quedar huérfano de madre y solo—ya muchacho espigado y formal—tuvo que ir a vivir con su padrino. Además, les unía un vínculo secreto; porque, sin que ninguno de los dos lo supiera, eran hermanos de padre: Lucas, hijo legítimo de una buena mujer, mujer muy buena. Mateo, único hijo del amor desprendido de una viuda, sana de corazón, hacendosa, simpática, bonita, vivaracha . . . sin más reparo que aquel hijo de sus entrañas, en el buen nombre que todo el pueblo le otorgaba. Con rara unanimidad, hablaban bien de ella lo mismo las señoronas más cuerdas y sesudas, que las más casquivanas y chismosas comadres. Hasta las beatas,° por rígidas, gazmoñas y fisgonas que fueran,° la tenían muy en mucho.° Los hombres—¡ni se diga!—la ponían por las nubes.

El padre de ambos jóvenes era un pueblerino maestro de obras, en pequeña escala. A ello se debía que Mateo fuera albañil; y, que junto a él, Lucas hubiera sido, unos meses, aprendiz del oficio bajo el mismo maestro.

En general, las circunstancias, antes que° entorpecer, favorecían una recíproca y arraigada amistad entre los dos. Eso hubiera sido lo normal. Pero no era así. Aunque Lucas, en el fondo, a pesar suyo, sentía con frecuencia vaga sed de amistades; su vanidosa malacrianza no le permitía mostrar la más leve transigencia° o concesión cariñosa hacia un posible amigo. Ni perdonaba a nadie el desorbitado tributo que exigían sus falsos pundonores y quisquillas.° Actuar de otra manera equivalía, para él, a humillarse, a traicionarse: "cosa inaguantable y mal vista en un *macho completo.*" Siempre le fue más fácil apelar al desgaire,° la faramalla° y el embuste. Y, sólo en virtud de ser Mateo comedido° por educación y noblote por naturaleza, no había surgido a cada paso, entre ellos, una grave violencia ni un tajante° disgusto.

---

no mediaba gran desigualdad   no había mucha diferencia
beatas   mujeres muy devotas
por rígidas . . . fueran   aunque fueran muy rígidas, gazmoñas (falsamente devotas) y fisgonas (curiosas)
la tenían muy en mucho   la estimaban mucho, la apreciaban mucho
antes que   en vez de

transigencia   cambio de actitud hacia una posición más conciliadora
sus falsos pundonores y quisquillas   su falso orgullo
desgaire   gesto despreciativo, actitud de superioridad
faramalla   engaño
comedido   de buenos modales
tajante   violento, abrupto

*   *   *

Cierta vez, Lucas se ausentó del pueblo varios días, sin que por casi un mes nadie supiera de él. Cuando volvió, venía satisfecho y orondo, enigmáticamente sonreído, un tanto más displicente° y altanero° que de costumbre; dándose aires de gallo campeador° que retorna a la Jaula sumisa del propio gallinero tras haber asustado algún pollo realengo de la vecindad.

En aquel pueblucho se estaba, él, desperdiciando. Su regreso no era para quedarse empantanado° allí. Dentro de poco volvería a marcharse. Entonces, no pararía hasta la Capital. Luego, más tarde, ya sabrían de él. Les pondría una tarjeta postal desde Miami o desde Nueva York.

Era indudable que había sacado provecho monetario de su viaje. Lucía ropa nueva. Gastaba un poco más que antes. Y, dejaba entrever,° de rato en rato, un mediano fajo de billetes de a peso.

Pronto corrió el rumor de que aquellos dineros eran agradecidos regalos de galantes mujeres. Mujeres descubiertas y cultivadas por Lucas durante su ausencia. Unos se referían crudamente a fáciles conquistas de mujerzuelas imbéciles. Otros aludían, con insinuaciones misteriosas, a reales hembras "de plata" y de buen tono que, no obstante, supieron apreciar los quilates° de Lucas. Entre los incrédulos, los aguzados° y los cínicos, no faltaron, sin embargo, quienes alegaban que ambas alternativas eran sólo una y la misma cosa.

Dejando caer, aquí y allá, medias palabras,° como al descuido y sin querer hacerlo, fue el propio Lucas quien echó a rodar tal cuento. Sus contertulios del garage, entre aspavientos, guiños y cuchufletas,° se encargaron de propalar la historia, abultándola, inventando, de paso, fantásticas peripecias y grotescos detalles. Lucas se pavoneaba presumido, halagado por el aura garañona de los sementaleños alquileres que se le achacaban,° cual si fuera

---

displicente   de mal humor
altanero   soberbio, arrogante
campeador   que pasea por el campo
quedarse empantanado   quedarse
   indefinidamente sin poder salir
dejaba entrever   dejaba ver, como
   sin quererlo
los quílates   las buenas cualidades
aguzados   muy listos

dejando caer ... palabras   sin decirlo
   directamente, insinuando
aspavientos, guiños y cuchufletas
   gestos faciales y sonidos vocales de
   emoción que acompañan las
   historias exageradas
aura ... achacaban   fama de haberse
   prestado como el animal macho que
   se le atribuían

una ennoblecedora ejecutoria de hazañosa hidalguía,° un honor alto y claro, el cenit de la fama y de la gloria.

Al cabo de unos días, desteñida la novedad° del repetido y manoseado chisme, se agotaba—en aquel caso—el deporte verbal de los charlatanes, fabuladores y cuentistas. Al par que actualidad,° el tema perdía méritos, posibilidades y atractivos. Los mismos que lo habían divulgado con mayor lujo de comentarios y minucias, empezaron a ponerlo en ridículo, a tomarlo a chacota,° a no creer ni en la abundancia del dinero que habían visto gastar. Pero hubo alguien que, cuando menos, del dinero gastado no dudó; y, comenzó a barruntar otras sospechas de su procedencia, de su origen: —Un timo, un hurto, un robo a mano armada, un atraco o asalto en despoblado?—Cualquier cosa parecía posible tratándose de Lucas, dada su voluntariosa falta de voluntad y de carácter. Iba a surgir un nuevo ciclo de siniestras conjeturas que avivara el interés por la ya casi moribunda historia. La versión revisada podría tener funestas consecuencias.

En este punto, Mateo creyó discreto intervenir. Hasta entonces había permanecido un poco retraído, sin mezclarse ni para bien ni para mal en los rumores que, sobre las supuestas aventuras de Lucas, andaban circulando de boca en boca. Pero, recientemente, por el azar de una casualidad se había enterado, con pruebas a la vista, de la verdadera fuente del dinero. Nadie más en el pueblo lo sabía. Lucas lo había ocultado demasiado bien. Y, ahora, se le venía encima—se veía venir—un malicioso escándalo y, posiblemente, hasta formal acusación de un crimen. El nuevo giro que iba tomando la maledicencia° obligaba a temerlo todo.

Así las cosas, pues, Mateo juzgó prudente y oportuno intervenir. Como primera providencia, quiso tener con Lucas una conversación sobre el asunto; y, fue a verle a su casa. Le encontró solo, en el batey,° encuclillado y atareado. Abría unos cocos secos, utilizando para ello un pequeño *marrón* de picar piedra—una especie de escoda pesada—que siempre andaba rodando por allí. Con este martillote pedrero en la mano derecha y un

cual si . . . hidalguía   como si fuera un acto noble de grandes méritos
desteñida la novedad   acabada la importancia
al par que actualidad   es decir, como ya no era noticia nueva

chacota   broma
el nuevo . . . maledicencia   la nueva forma que tomaban los comentarios negativos
el batey   término indígena que indicaba los alrededores de una casa

coco sin abrir en la zurda, Lucas se puso en pie, casi en guardia, al ver llegar al otro.

Mateo fue derecho al grano; y, contra su costumbre, afeó,° severo, el proceder de Lucas: —¿Por qué se complacía en criar mala fama? ¿Por qué se regodeaba° en tan viles mentiras? ¿No comprendía que le empezaban a tildar de criminal? Si las murmuraciones continuaban, la Detective° se vería forzada a tomar cartas° en el asunto. Debía ponerse coto a todo eso. Pero, en seguida. Sin pérdida de tiempo. Desgraciadamente, nadie sabía en toda la comarca—más que ellos dos—las circunstancias verídicas del caso. Y era hora de que ambos, de común acuerdo, desmintieran° las falsedades y patrañas que corrían.

Lucas replicó seco y duro.

—Y, eso a ti, ¿qué te importa? Además, yo no entiendo ni pío. ¿Cuáles son esos secretos que tú dices que sabes?

—Pues la santa verdad— le contestó Mateo. —Lo sé por una serie de coincidencias. Sin haberme querido meter en averiguaciones° de ninguna clase. Pero, no sé sino lo que tú mismo sabes mucho mejor que yo: que los chavos que andabas gastando por ahí, te los ganaste a puro pulmón, honradamente, estibando sacos° de azúcar en el puerto de Guánica. En la nómina de los trabajadores del muelle, sin embargo, te enlistaste con un nombre falso. En vez de dar tu nombre, diste el mío. Por ahí, por ese hilo, casualmente, descubrí el enredo . . . ¿Para qué esos líos? ¿Por qué haces esas cosas tan estúpidas?

Lucas, fuera de sí, le soltó un improperio° feroz. Mateo volvió la espalda para irse y dejarlo en paz, sin decir más palabra, tratando de evitar una irreparable ruptura, esperando convencerle más tarde, otro día, cuando se le pasase la rabieta. Lucas quedó un momento rígido. Pero, en seguida, furioso, ciego de ira, le lanzó, uno tras otro, casi a la vez y con todas sus fuerzas, los proyectiles que tenía en las manos: el coco y el martillo.

La reacción había sido impremeditada, casi instantánea. Pero

---

afeó criticó
se regodeaba se complacía, gozaba, le agradaba
la Detective la organización — por contraste con *el detective* que es una persona. (Compare *la policía* con *el policía*.)
tomar cartas intervenir

desmintieran explicaran la verdad acerca de
averiguaciones investigaciones
estibando sacos cargando barcos con sacos
le soltó un improperio le dijo una grosería, lo insultó

mucho más complejo de lo que parecía: —Aquel entremetido, aquel zángano que no tenía calzones para nada, ese masurrón hipócrita de Mateo, lo sabía todo. Y, quería publicarlo a voces;° probarle la verdad al pueblo entero, dejando malparado el prestigio de Lucas, robándole su aureola.° No le iba a quedar otra fama que la de farsante y mentiroso. Y, eso no podía ser. Mejor era que le acusaran de ladrón, que le arrestaran, antes de pasar por la vergüenza de ver desmentida su leyenda, antes que afrontar las risotadas y las burlas sangrientas de los habituales contertulios del garage . . . A lo mejor, el imbécil Mateo había ya comenzado a soltar prenda° y a ponerle ridículo . . . Tenía que pararle el caballo, a todo trance, ahora mismo.

Sin darse cuenta de sus actos, en el paroxismo° de su indignación, Lucas le tiró a Mateo lo que por casualidad tenía en las manos. Fue un improvisado, un instintivo gesto de protesta y defensa contra la amenaza de humillación, de escarnio,° que, en esos instantes, Mateo representaba para él. —Nada más. Si la cosa llegó a tener mayores consecuencias, fue por accidente, como lo de la camioneta.

*   *   *

El coco, sin hacer blanco, se perdió inofensivo, entre unos matorrales. El martillote, con perversa exactitud, fue a dar sobre la nuca° de Mateo; dislocándole las vértebras del cuello, fracturándole la base del cráneo. La autopsia indicó, luego, una muerte instantánea.

Al ver convertirse un hombre entero y vivo—y, hasta amenazador—en el cuerpo roto y exánime que yacía por tierra, sin que a sus ojos hubiera habido causa suficiente para tamaña cosa,° Lucas, horrorizado, echó a correr sin rumbo y sin propósito. Tras una breve y ciega carrera hacia los montes, tropezó y cayó. Cuando ya más sereno, se ponía en pie dispuesto a regresar al pueblo, fue arrestado. Lucas se sintió víctima, no reo.°

Unos cuantos vecinos, desde lejos, habían sido testigos del crimen. Habían oído la estridencia airada, insultante, de la voz de

---

publicarlo a voces darlo a conocer en todas partes
su aureola su fama o reputación
soltar prenda hablar de él
el paroxismo la furia

escarnio burla
nuca parte de atrás del cuello
tamaña cosa consecuencias tan graves
reo criminal

Lucas. Habían notado el pacífico y manso proceder de Mateo. Y, sobre todo, habían visto el alevoso° marronazo, descargado a traición, por la espalda. E inmediatamente, también vieron la cobarde fuga.

El muerto era persona querida y estimada en la comunidad. El matador tenía mala reputación, no muy buenos antecedentes.

—Le acusaron de "asesinato en primer grado con circunstancias agravantes." Y, comenzó el juicio.

Nunca hubo la más mínima esperanza de sacarlo absuelto.°

—"El asesinato estaba de antemano probado. Sólo se podía luchar por rebajar el grado de culpabilidad." —Así hablaban los entendidos. El abogado defensor, hombre ducho° en forenses regateos,° aconsejó—a Lucas—declararse culpable y solicitar arrepentido la clemencia del tribunal. Probablemente, en tal caso, el fiscal acusador—por ahorrar tiempo y dinero al Ministerio Público—accedería a no insistir sobre las circunstancias agravantes; y hasta, quizás admitiría alguna de las atenuantes alegadas por la Defensa. Pero el consejo fue en vano. Lucas se negó rotundamente a seguirlo:

—¿Culpable él? El no había sido nunca jamás culpable de nada. ¡Al contrario! Cuando no eran los demás los culpables, era la mala pata, la suerte perra, quien tenía la culpa. Ahora le acusaban nada menos que de asesino . . . ¿Cómo iba a declararse culpable? El no había asesinado a nadie, a nadie. ¿Qué clase de abogado era aquel que empezaba por quitarle la razón a su defendido? Ni era culpable, ni pedía clemencia ni perdón. Pediría justicia. ¡Le iban a oír!

Y, efectivamente, también contra el consejo de su defensor, le oyeron declarar en corte abierta. Todos le escucharon con asombro. Si hubiera habido dudas antes, ahora, con sus palabras violentas, iracundas, ilógicas, se condenaba él mismo irremisible-mente.°

El jurado deliberó quince minutos. El veredicto fue de culpa-bilidad, según la acusación. El juez impuso la pena máxima: cadena perpetua.° No se halló causa para apelación ni para

---

alevoso traicionero	sentencias
sacarlo absuelto sacarlo libre	**irremisiblemente** sin remedio
ducho experto	**cadena perpetua** encarcelamiento
forenses regateos saber reducir	por vida

solicitud de indulto.° La suerte de aquel hombre dejaba indiferente a todo el mundo. Pero, al único amigo, compañero hermano que pudo haber tenido, le había dado la muerte.

Camino del presidio, Lucas iba renegando:°

—¡Condenao Mateo! ¡Malhaya sea su estampa! Siempre echándoselas de santurrón, y siempre despreciándome y maquinando contra mí. Por su culpa me han metido en presidio. ¡Caí en la trampa! Todos confabulados en favor de él. ¡Como siempre! Y, yo que nunca quise hacerle daño. ¡Hijo de mala madre! Me provocó con sus pamplinas° y sus amenazas . . . Al fin y al cabo se salió con la suya . . . Yo no quise matarlo. Ni mucho menos. El fue quien se empeñó . . . ¡El muy bestia! Cuando vino a tentarme la paciencia, le tiré con los trastos que tenía en la mano, para sacudírmelo . . . Eso no era para matar a nadie . . . Pero, el canalla, se descuajaringó como un pelele de alfeñique° . . . Se dejó morir como un enclenque, a propósito, sin causa ni razón, sólo por reventarme° . . . ¡Maldita sea su alma!

Y sin embargo, en sus adentros últimos, le bullía insobornable y pertinaz la certeza de no ser verdadero aquello que pensaba y decía. En realidad, las cosas habían sucedido de otro modo. De un modo más desconcertante, menos admisible . . . Y de una manera en que los accidentes no eran accidentales: tenían sus causas desaforadas,° sus inevitables desarrollos . . . Eso era lo cierto . . . Nada le valdrían las argucias para tergiversarlo° y olvidarlo: El lo sabía. Y, esta era la hiel cuya amargura y acritud no podía tolerar. Le producía una desesperación mayor que la idea aterradora de pasarse el resto de la vida condenado a trabajos forzados. Y se ponía frenético, rabioso.

indulto perdón
renegando protestando
pamplinas cosas sin razón o fundamento
se descuajaringó . . . alfeñique se volvió pedazos como un muñeco de barro

solo por reventarme solo por hacerme daño
desaforadas extraordinarias
nada . . . tergiversarlo de nada le serviría tratar de hacerle pensar de otra forma

---

Preguntas sobre contenido

Preguntas orales:

1. ¿Cuál era el oficio de Mateo?
2. ¿En qué era maestro Lucas?

3. ¿Cuáles trabajos había hecho Lucas?
4. ¿Qué le pasó cuando se metió a chofer?
5. ¿Qué sitio frecuentaba Lucas?
6. ¿Cómo era el carácter de Lucas? ¿Cómo el de Mateo?
7. ¿Cuál era el vínculo secreto que les unía a Mateo y Lucas?
8. ¿Qué provecho había sacado Lucas del viaje?
9. ¿Cuáles rumores corrían al respecto?
10. ¿Cómo reaccionaba Lucas ante estos rumores?
11. ¿Cuándo intervino Mateo?
12. ¿Por qué intervino?
13. ¿Qué hacía Lucas cuando lo encontró Mateo?
14. ¿Cómo había ganado el dinero Lucas?
15. ¿Por qué volvió la espalda para irse Mateo?
16. ¿Qué hizo entonces Lucas?
17. ¿Qué temía Lucas?
18. ¿Qué hizo Lucas con el coco y el martillote?
19. ¿Qué hizo Lucas al ver muerto a Mateo?
20. ¿Qué le aconsejó a Lucas el abogado defensor?
21. ¿Por qué no siguió el consejo?
22. ¿Cómo fue el veredicto del jurado?
23. ¿Qué pena le impusieron?
24. Según Lucas iba renegando, ¿por qué le había tirado a Mateo el coco y el martillo?
25. Según Lucas, ¿por qué se había dejado morir Mateo?

Ejercicios creativos

Preguntas para motivar discusiones o para
servir de base a composiciones cortas:

1. ¿Tiene significado especial el hecho de que Mateo y Lucas hayan sido medio-hermanos?

2. ¿Cuál de los dos hombres le inspira más simpatía? ¿Por qué?

3. ¿Le parece que uno debe esforzarse por ser un "macho completo"? ¿Cuáles deben ser las características del "macho completo"?

4. ¿Cuál era el gran error de Mateo en tratar a Lucas? ¿Es que realmente no comprendía por qué Lucas hacía lo que hacía?

5. "Mejor ser acusado de ladrón antes de pasar por la vergüenza de ver desmentida su leyenda." Esta frase resume la forma de pensar

de Lucas. ¿Le parece a usted natural y normal la forma de pensar
y de reaccionar de Lucas? ¿Qué tan importante es conservar intacta
la reputación?

6. ¿Vale más tener mala fama que no tener fama de ninguna clase?

7. ¿Cree usted que los actores de cine a veces cultiven el escándalo?
Explique.

8. Hay gente que dice que no les importa lo que otros piensen de ellos.
¿Es cierto que esta gente realmente piense así?

Vocabulary

SPANISH-ENGLISH VOCABULARY

Omitted in the vocabulary are articles, personal pronouns, demonstrative adjectives and pronouns, regular past participles with meanings the same as the infinitive, most interrogatives, adverbs ending in *-mente* when the corresponding adjective is given, superlatives, diminutives, numbers, and prepositions. Also not included are obvious cognates and words that, in the opinion of the editors, are well known to the target group. The gender of nouns is generally not given. Idioms or expressions appearing in the text which might be unfamiliar to the student are included. A dash refers to the vocabulary entry.

The following abbreviations are used:

adj.—adjective	n.—noun
adv.—adverb	pl.—plural
coll.—colloquial	prep.—preposition
f.—feminine	interj.—interjection
m.—masculine	p.p.—past participle

A

abanico fan
abarcar to contain, include
abismo abyss
ablandar to soften
abochornarse to be embarrassed
abofetear to hit, to strike
acariciar to caress
acaso, *adv.* perhaps
aceituna olive
acentuar to accent, emphasize
acera sidewalk, curb
acicalar to adorn
　—se to dress up
aclarar to clear up

acoguinado, (-a) humble, meek
acoplar to mate, to join
acordar to agree
　—se to remember
acritud bitterness, harshness
actitud, *f.* attitude; posture
acuarela water color
acudir to go or come (to aid, or in response to a call)
acuerdo agreement
ademán, *m.* gesture
adoquines paving stones
aduana customs; baggage inspection
aduanero, (-a) referring to customs
advocación name

105

afear to criticize
afición, *f.* inclination
aflojar to relax
ágil, *adj.* agile, nimble, limber
agradecer to be thankful for
agrietado, (-a) cracked
agrio, (-a) sour
aguantar to endure; to resist
 —se to restrain oneself
aguardar to wait
águila eagle
agujero hole
aguzados, *adj.* clever
aguzar to sharpen
ahijado godchild
ahogar to drown; to smother
ajo garlic
ala wing; hat brim
alambre, *m.* wire
albañil, *m.* mason
alborozar to gladden
alcalde, *m.* mayor
alcoholado rubbing alcohol
aldea village
alejarse to move away
aleta flap; fin (of a fish)
aletear to flap, flutter
alevoso, (-a) treacherous
algarabia grotesque mixture
almidonado, (-a) starched
almohada pillow
alrededor, *adv.* around
 —es, *pl.,* environs, surrounding
 area
altanero, (-a) haughty, proud
altoparlante, *m.* loudspeaker
alzar to raise
amagar to feign, threaten
amargura bitterness, grief
ambiente, *m.* atmosphere,
 environment
amenaza menace, threat
amenazar to threaten
amparo protection
ancho, (-a) wide; broad
 a sus anchas at one's ease
andanzas, *pl.* rambles, wanderings
angustiar to distress, grieve
anillos, *pl.* rings

animar to encourage
 —se to be encouraged, willing
ánimo, *f.* spirit; courage
aniñada girlish
andar to go, walk; *n.* manner of
 walking
antecedente, *m.* antecedent
 —s background
antemano, de— beforehand
antes que rather than
anzuelo fishhook
añadidura addition
aparejo rigging (of a boat)
 —s equipment
apartar to separate
 —se to withdraw; to go away
apear to dismount
 —se to get off
apelación, *f.* appeal
apestoso, (-a) foul-smelling
aplastar to crush
apodo nickname
apología praise, justification
apoyar to lean, rest
 apoyado, (-a) en— leaning on
apresuradamente, *adv.* hastily, in
 a hurry
apretar to press, tighten
apretujón squeeze
aprovecharse de to take advantage
 of
apunte, *m.* note
apurarse to be or get worried; to
 hurry up
aquiesencia consent
araña spider
arbitrio means
aro hoop; rim
arrabal, *m.* outlying district
arraigado, (-a) solid; well-rooted
arrastrar to drag; to carry along, to
 carry over
arrecife, *m.* reef
arrimos, *pl.* close friends
arrugar to wrinkle
artimaña trick
asegurar to assure, insure
asir to seize, take hold of
asomar to show, appear
 —se to look out

asombro astonishment
astilla splinter
asustar to frighten, scare
atardecer, *m.* late afternoon
atareado, (-a) overworked, busy
ataúd, *m.* coffin
atento, (-a) attentive; interested
atenuante extenuating
circumstances (legal),
circumstances favoring the
defendant
aterrador, (-a) terrifying
aterrizaje, *m.* landing (of a plane)
pista de — landing strip
atracar to reach land; to moor
atraco holdup, assault
atrapillar to hold in place
atreverse to dare
aureola aureole, halo
ausentarse to absent oneself
ave bird, fowl
averiguación investigation, inquiry
avivar to enliven
azabache glossy black
azar, *m.* hazard; chance
azorado, (-a) aroused, startled
azotea flat roof

B

bailotear to jiggle
bala bullet
balbucear to stammer
banco bank
banda side
bandera flag
barba chin; beard
barbaridad monstrosity; nonsense
barnizar to varnish
barómetro barometer
barrer to sweep
barriga abdomen, stomach
barrigón big bellied
barrio district, section (of a town)
barro pimple
barroso, (-a) muddy; pimply
barruntar to foresee; to conjecture
basura garbage, trash
bata robe
batea tray, bowl

batey, *m.* front yard
batuta baton
bebelón, *m.* drunkard
bendito, *adj.* blessed
ay — *coll.,* popular Puerto Rican
expression indicating sympathy or
resignation
berrido scream
bienvenida welcome
billete, *m.* ticket
blanco target
hacer — to hit the target
blandir to flourish
bodega wine cellar; grocery store
boina cap
bolsa bag
bordes, *m.pl.* borders, limits
borrador, *m.* rough draft; eraser
borrar to blot out, to erase
bosquejar to sketch
bostezo yawn
botar to throw out
boya buoy
brete mess
brillantina hair grooming substance
brincar to jump
brindar to offer, to give
brotar to bud; to spring forth
bruces, de — face downward
brujería witchcraft
bulto bundle; bulge
bullicio noise
bullicioso, (-a) boisterous, noisy
bullir to boil
burlón, (-a) mocking
búsqueda search
butaca armchair

C

caber to fit
cabo end; corporal
al — finally
llevar a — to carry out, finish
cabotaje commercial shipping
cachorro cub
cagazón a real mess
cadera hip
calambre, *m.* cramp
calculadora adding machine

caldera furnace
calentura, *f.* fever
calzarse to put shoes on
calzón, *m.* (or calzones, *pl.*) short
   trousers
camino road
   — de on the way to
camioneta small truck
canalla, *m.* mean fellow
canastillo basinette
canódromo track for dog races
capota top part of a vehicle
capricho whim
caprichoso, (-a) capricious,
   changeable
carbón coal, charcoal
cárcel, *f.* jail
carcomer to eat out; to obsess
carecer to lack
carencia lack, scarcity
carente, *adj.* lacking
cargar to load; to carry
carota ugly face
carnada bait
carraspear to clear one's throat
carromato cart
carrera career; race; fun
cartón, *m.* cardboard
cascajo gravel
cáscara (**de nuez**) nutshell
caseta booth, small house
caso, hacer — to pay attention to
casorio wedding
casquivano, (-a) scatterbrained
casualidad, *f.* chance, accident
cauce, *m.* canal; bed of a river
caviloso, (-a) suspicious,
   meditative
caza hunt, hunting
   dar — to track down
cebar to bait
cenit, *m.* zenith, highest point
ceniza ashes
ceñido, (—a) tight, closely fitting
cerradura keyhole
cimentar to establish firmly
ciencia science
   a (or **de**) **— cierta** with certainty
cinturón, *m.* belt
ciudadano citizen

clamar to shout
claudicar to give in
clavar to nail
clavo nail
clisé common, trite expression
clop, *interj.* plop
cobrar to collect
cocear to kick
cocina kitchen; cooking
coco coconut; head
codo elbow
coime, *m.* poolroom attendant
colar to strain, filter
colcha quilt; bedspread
colgar to hang
colilla cigarette butt
colocar to place, locate, situate
comadre, *f.* midwife, gossip, friend;
   name used to express kinship
   between mother and godmother
comadrona midwife
comarca district
comedido well-mannered
compadre name used to express
   kinship between father and
   godfather
compartir to share
compás, *m.* measure, beat
comportamiento behavior
compromiso, *m.* engagement;
   obligation
concertar to harmonize; to agree
concha shell
conejo rabbit
confabulado conspiring
conjunto whole, entirety; musical
   group
conocedor, *m.* one who knows,
   expert
conocido acquaintance
consejo advice
conserje, *m.* janitor, caretaker
contener, — se to refrain;
   to restrain oneself
contertulio fellow member of a
   group or "tertulia"
contuvo preterit of contener
convenir to agree, be convenient
coño damn

copo snowflake; tuft (of wool or cotton)

cordel, *m.* rope

coreano Korean

cortejar to court, woo

correa strap

correo mail

corro group

coto enclosure

    poner — a to set a limit to; to put an end to

coy cradle

crecer to grow

crianza breeding; nursing

criar grow

    —se to grow up

crudito, (-a) lacking experience

cuadro picture

cuanto, — más the more . . .

    en — as soon as

cuchichear to whisper

cuenta account

    caer en la — get to the point; to understand

    darse — de to realize

    por mi cuenta on my own

cuerdo, (-a) completely, perfect

cuerpo body

culpa fault; blame

cumplido, (-a) complete, perfect

cumplimiento fulfillment

cuñado brother-in-law

Ch

chamarreta short, loose jacket

chamba work

chancleta slipper

chapurrar to speak (a language) brokenly

chapurrear to jabber

chaqueta jacket

chasquido crackle; click (of the tongue)

chavar to annoy, foul up

chavo cent

chavos, —money chévere fine; O.K.

chiflado, (-a) "touched," crazy

chiquillo small child

chismoso, (-a) gossiping

chispa spark

D

daño damage, harm

dar to give; to strike, hit

    — a luz to have a baby

    — vueltas to spin around

darle a uno por to go in for

dedillo, conocer al — to know very well

delatar to denounce

derrotar to defeat

desprovisto, (-a) deprived

desafiante, *adj.* defiant

desahogado, (-a) well-off

descolgar to unhang, take down

desechar to reject

desembocadura mouth (of a river)

desempeñarse to perform; to get along

desenganchar to take down

desfilar to march; to pass by

desflorar to take the freshness from

desgajar to tear, break off

desgarrar to tear, to rip

deshacerse, — de to get rid of

deshecho, (-a), *p.p. of deshacer* undone, torn apart

desmedido, (-a) uncontrollable

desmentir to correct a false impression

despedir to dismiss; to emit; to see (a person) off (at a station, airport, etc.)

    —se to say goodbye

despegar to detach; to take off (said of a plane)

despeinado, (-a) uncombed

desorbitado, (-a) disproportionate

desperdiciar to waste

despertar to awaken, to wake up

    —se to wake up

desplomarse to fall

despoblado, *m.* uninhabited place

despojar to take away from

despreciar to scorn

desprendido, (-a) generous

desprendimiento detachment; perspective

destacamento detachment (military)

desvanecer to fade, dissolve

desvarío madness
deudo relative
devolver to return
Día de Reyes Three Kings' Day (6th of January), widely celebrated in Puerto Rico
dibujar to draw
difunto, (-a) deceased, dead
difuso, (-a) spread out
dineral a lot of money
dirigir to direct
—se a to address (a person)
diseñadora designer
diseño design
discurso speech, oration
disimulo dissimulation, pretense
disfrutar to enjoy
disparar to shoot
disponer to dispose; to arrange
divisar to sight; to distinguish
dorado, (-a) golden
dormitorio bedroom
ducho, (-a) expert

E

echado lying down
echar to throw
    echárselas to boast
efecto effect
    llevar a — to carry out
elogiar to praise
embargo, sin — nevertheless
embeleco gadget
embestir to attack, strike against
emblanquecer to whiten
embuste, *m.* lie
empañar to tarnish, dirty
empeñado, (-a) determined
empeñar to pawn
    —se to persist, insist
emplazar to set, place
empleado employee
empresario manager
empujar to push
empujón, *m.* shove, push
empuñar to grab, take hold of
encajar to fit into, insert
encampanar to ring out
encaramar to climb upon

encargar to put in charge; to entrust
encargo errand
encerrar to enclose, lock in
enclenque, *adj.* weak
encorvarse to bend down
encrucijada crossroads
encuclillado, (-a) kneeling
enfocar to focus, fix one's gaze upon
engañar to deceive
    —se to deceive oneself; to be mistaken
enguantado, (-a) gloved, with gloves on
enjambre swarm
enmarañar to snarl; to confuse; to entangle
ennegrecer to blacken
enojar to make angry
enredar to entangle, snare; to mix up
enredo tangle; confusion
ensanchar to enlarge
ensordecer to deafen; to become deaf
entendido, (-a) wise; well-informed; understanding
enterar to inform, acquaint
    —se to find out
entereza integrity
enterrador undertaker
enterrar to bury
entierro burial, funeral
entonar to sing; to harmonize
entorpecer to stupefy; to thwart, frustrate
entrañas insides, intestines
entremetido, (-a) meddler
envidiar to envy
envoltorio bundle
envolver to involve; to wrap
envuelto, (-a) *p.p. of envolver*
erguir to erect, raise up
esbelto, (-a) slender
escalera stairs, staircase; ladder
escalinata outside stairway for airplanes
escalón, *m.* step (of a ladder or staircase)
escándalo noise; scandal
escaparate, *m.* show window

escaramuza skirmish
esconder to hide
—se, to hide oneself
escocés Scotch
escozor smarting sensation, sting
escuchar to listen
escudriñar to search
escupir to spit
esfuerzo effort
esmerar, —se to strive, take special pains
espalda back, shoulders
volver la — to turn around
esparcir to spread
esporádico, (-a) occasional, sporadic
espumarajo froth, foam (from the mouth)
espúreo, (-a) false
esputo spittle, saliva
esquina corner
estampido crack, sharp sound
estanque pool (of water)
estirar to stretch, extend
estregar to scour, to rub
estrépito racket, noise
estropeo destruction, spoiling
estrujar to squeeze, press, crush
evadir to elude
—se to escape
exánime, *adj.* lifeless
exigir to require; to demand
expatriar to expatriate, exile
experimentar to experience
exprimir to squeeze; to wring out

F

fábrica factory
factoría factory (*coll.*)
fachada façade; side
faena task, job, duty
faja sash; band
fajo bundle, sheaf
falta lack
hacer — to be necessary
faltar to lack, be lacking
famélico, (-a) starved looking
fanfarrón, *m.* boaster, braggart
farol, *m.* lantern

farsante bluffer, charlatan
fase, *f.* phase, aspect
fatuo, (-a) vain
fecha date
féretro coffin
fijar to fix, fasten
fijo, (-a) firm, fastened
fila line (of people); row
fofo, (-a) spongy; soft
fondo background
forastero outsider; *adj.* foreign
forcejear to struggle
fragor, *m.* din; crash
fragua forge
francés French
frente, *f.* forehead
fruncir to wrinkle; to contract
fuelle bellows
fuente, *f.* fountain; source, origin
fuerza force; power
a — de by dint of
a — (s) de by means of, with the help of
fuga flight
funesto, (-a) unlucky, unfortunate

G

galante, *adj.* polite, disreputable (ref. to women)
gana desire, appetite
de lo que les dé la real — whatever they damned well please
gandul, *m.* bum, loafer
garrapatear to scribble
gastar to spend; to wear; to use
gaveta drawer
gelatina gelatin
género kind, class
genial, *adj.* expert
gentío crowd
girar to rotate, whirl
goleta schooner
gracioso, (-a) attractive; witty
hacerse el — to be funny
grano grain
grasiento, (-a) greasy
gremio guild; brotherhood
grietoso, (-a) wrinkled
grueso, (-a) thick

guagua *col.* bus
guapo, (-a) handsome, good-looking
guardaespaldas bodyguard

H

habitáculo habitat, usual place of living or working
hacendoso, (-a) diligent
hacer to do; to make
  — **caso** to mind, pay attention
  —**se a un lado** to move to the side
halar to pull
hastiar to cloy; to disgust
hazmerreír, *m.* laughingstock
hazaña deed, exploit
hechizo curse, witchcraft
hembra female
herir to wound; to strike
herrero blacksmith
herrumbroso, (-a) rusty
hiel, *f.* bitterness, bile
hierba weed, marihuana
hilar to spin, make into thread
hilera file, row
hilo theme, subject
hinchar to swell
hirsuto, (-a) hairy
hocico snout
hollar to step on
hondo, (-a) deep
hondura depth
  meterse en honduras to go beyond one's depth, to get into trouble
hongo mushroom; derby hat
honorario fee (for professional services
hormiguear to swarm
hormiguero anthill
hornilla burner; grate (of a stove)
hospedaje, *m.* rooming house
hueco gap, space, hole
huella trace; footprint
huérfano, *adj. & m.* orphan
hueso bone
  la sin — the tongue
  dar a la —, sin — to chatter
huida escape, flight

hundir to sink
  —**se** to sink
hurto robbery

I

ignorar to be ignorant of, not to know
implacable, *adj.* relentless
imponer to impose
  —**se** to inspire fear or respect
  —**se a** to get accustomed or, used to
impulso impulse, momentum
impreciso, (-a) vague, inaccurate
inaplazable undeferable
incorporarse to sit up; to stand up
independentista advocate of political independence for Puerto Rico
inerte, *adj.* inert, inactive
infierno hell
infundir to inspire; instill
ingenuo, (-a) frank; simple
inodoro toilet
inoportuno, (-a) unsuitable untimely
inquilino tenant
insaciable never satisfied
inservible useless
insobornable unrelenting
instancia urgent request
  a —s de at the request of
instantánea snapshot
inusitado, (-a) unusual, rare
interrogar to interrogate, question
ira anger
irlandés Irish
itinerario schedule

J

jalar to pull
jarra jar
jíbaro peasant of Puerto Rico
jinete, *m.* horseman, rider
jirón shred, piece
jorobado, *m.* hunchback
judío Jew
jugar to play, gamble
jugo juice

sacar el — to get the most out of
juguete, *m.* toy
juicio judgment; common sense

L

labia gift of gab
ladear to go or lean to the side
lagartijo lizard
lana wool
langosta lobster
lanzar to fling, throw
— se to rush; to dart out
lápida tombstone; stone tablet
largarse to go away, get out
lastrado, (-a) weighted down
latente potential
látigo whip
lejano, (-a) distant; remote
leontina watch chain
libreta notebook
lija sandpaper
lío mess, confusion
litoral, *m.* coast
lóbrego, (-a) dark, gloomy
lodo mud
luchar to struggle
lucir to shine; to show off
lúgubre, *adj.* mournful, gloomy
lujo luxury

Ll

llanto weeping; tears

M

macho, *m.* male; *adj.* masculine;
strong
madera wood
magnanimidad generosity
malacrianza bad behavior
malas, de — in bad luck, with
everything going wrong
maldecir to damn, curse
maldito cursed, damned
malentendido misunderstanding
malhaya cursed, damned
malparado, (-a) in bad condition

mancha spot, stain
mandado errand
mandar to command
mangle mangrove tree
manguera hose (for water)
manicomio insane asylum
manosear to handle, touch
maquinilla typewriter
marca brand
marcar to mark
marea tide
marearse to get dizzy or seasick
marido husband
marisco shellfish
marisma marsh
martillo hammer
marullo wave
marrón hammer
más, *adj.* more; most
estar de — to be unnecessary
matanza killing
matorral, *m.* thicket
maya (also malla) net
mecer to swing, rock
mediano moderate, middle-sized
medias stockings
medrosamente timidly
mejor, *adj.* better
a lo — probably, perhaps
melena long, loose hair
melífluo, (-a) honeyed, sweet
sounding
meneo shaking
mesar to smooth (hair)
mezclar to mix
—se to mingle; to meddle
milagro miracle; wonder
minucia detail
mirilla peephole
moda style, fashion
a la — in style
mofarse to make fun of, to tease
someone
mohoso, (-a) rusty
mojar to dampen, wet
mondar to pare; to peel
montura mount
moño knot or roll of hair
morado, (-a) purple
morder to bite

mordisquear to nibble
mostrador, *m.* counter
muelle, *m.* wharf; loading platform
mugre, *f.* dirt
mugriento, (-a) dirty
murmuraciones, *f.* slander, gossip
musitar to mutter
muslo thigh

N

nadar to swim
nalgada spank
nasa fish trap
natural native
navidad, *f.* Christmas
    —es Christmas season
necesidad, *f.* need
    pasar necesidades to go hungry
    or without shelter
nieve, *f.* snow
noblote noble
nómada nomad, without a
    permanent home
nómina list (of names); payroll
norsa, *coll.* nurse
noviazgo engagement
nube, *f.* cloud
nuca nape (back of the neck)
nupcias wedding nuptials

O

oblicuo, (-a) oblique, slanting
obsequio gift, present
obstante, no — nevertheless
oficio trade; function
oficioso, (-a) obliging
ojeriza grudge, spite
olvido forgetfulness; neglect
ombligo navel
opaco, (-a) opaque
orador, *m.* orator, speaker
orgullo pride
orilla edge, border
orinar to urinate
orondo, (-a) self-satisfied; vain
ostentación, *f.* ostentation, display

P

padrino godfather
pala shovel

paladar, *m.* palate; taste
palangana washbowl
palante contraction of "para
    adelante"
palear to shovel
paletada shovelful
paletudo shovel-shaped
palizada enclosure formed by poles;
    stockade
palmera palm tree
palo stick, pole
    cara de — stone-faced, without
    expression
paludismo malaria
pana buddy, pal
pandilla gang
paño cloth
papar, — moscas to stare at flies
parachoques bumper
parar to stop
    —se to stand up, to stop
parecido likeness, resemblance
pareja pair, couple
pariente, *m.* & *f.* relative
parir to give birth
parlachino, (-a) talkative
parpadeo winking, blinking
parroquia parish church
parroquiano customer
partido party; game; profit
    sacar — de to derive advantage
    from
parto childbirth
pasearse to take a walk
pastel, *m.* pie; filled pastry
    — de hoja "pastel" wrapped in
    plantain leaf; pastel painting
patada kick
patear to trample
patraña falsehood
patricio patrician, aristocrat
patrón master, boss
patrona landlady
patrono patron, protector
pavonearse to strut, swagger
peatón pedestrian
pecho chest; breast
pedagógico, (-a) relative to the
    science of education
pedante, *adj.* vain, high sounding

pedrada blow with a stone
pegar to begin, to hit, strike; to stick, glue
— un salto to take a jump
—se to stick, cling
pelea fight
peliteñido, (-a) with dyed hair
pelota ball
peludo, (-a) hairy
pellizcar to pinch
pendiente dependent, hanging
perfil profile, outline
periódico newspaper
peripecia unforeseen or unusual incident
perjuicio damage, harm
permanecer to remain, to stay
perseguir to pursue, chase
pertinaz *adj.* obstinate
perra, suerte — bad luck
pesadez, *f.* heaviness, slowness
pesado, (-a) heavy; tiresome
pesadumbre, *f.* sorrow
pesar, a — de in spite of
pescadería fish market
pescador, *m.* fisherman
pescar to fish
pescuezo neck
peso weight; importance
peseta 25-cent coin
pestañear to blink
pillo bad man, rascal
pingüe, *adj.* abundant
pisotón, *m.* stamp (of the foot)
pista race track
— de aterrizaje landing field
pitito whistle
pizarra slate, blackboard
plateado, (-a) silver-plated
platillo saucer
— volador flying saucer
plegaria prayer
plomo lead
pompas, — fúnebres funeral parlor
portero gatekeeper
portón, *m.* gate
postizo, (-a) false, artificial
potala anchor
pozo well
precario, (-a) unstable

precipitarse to rush
prender *coll.* to seize, catch, to light
prensado, (—a) pressed, squeezed
preocupar to worry
prescindir to set aside; to dispense (with)
presenciar to witness
presentimiento premonition
prestar to loan
presumir to pretend to be
pretender to try
pro, *m. & f.* en — de in behalf of
hombre de — man of worth
prócer, *m.* hero, great statesman
prodigioso prodigious, marvelous
prójimo fellow being
propagar to spread (news)
púa barb; prong
pueblerino townsman
puesto position
pugnar to fight, struggle
pujido grunt
pulcritud, *f.* neatness
pulcro, (-a) neat, trim
pulmón, *m.* lung
a puro — working hard
pulmonía pneumonia
pulsera, reloj de — wristwatch
pundonor, *m.* point of honor
punto point; dot
a — de on the point of
venir a — to be convenient
puñalada stab
puño fist

Q

quebradizo fragile, breakable, brittle
quebrar to break
quedar to stay; to remain; to be left
quedo, (-a) soft, quiet
quehacer, *m.* task, duty, chore
queja complaint; moan
quejumbroso, (-a) whining, complaining
quilate, *m.* carat
—s good qualities; degree of perfection or purity
quisquilla oversensitivity about trifling matters

R

rabieta tantrum, fit of temper
ráfaga gust of wind
ranchón large ranch
ranura slot
rapar to shave off
rascar to scratch
rasgar to tear; to rip
rasgo feature
rastro track, trace, sign
realengo stray (said of animals)
reanimar to revive; to encourage
rebajar to diminish; to lower
rebuscar to search for
recalentar to reheat, warm over
recio, (-a) strong, robust
reclutamiento recruitment
recoger to pick up
recorrer to go over; to look over
recostar to lean on, depend on
recta straight stretch of road
recuerdo remembrance, souvenir
red, *f.* net
referirse to refer to
reflejo reflection; reflex
regalo gift
regañadientes, a — reluctantly
regar to spread around; to irrigate
regodearse to enjoy
rehoyo deep hole
relajar to fool around, to joke
relampagueante, *adj.* sparkling,
   shining
relinchar to neigh
reloj, *m.* clock; watch
remendar to mend
renacuajo tadpole
rendirse to surrender, give up
renegar to protest
renunciar to give up, resign
renta income
reo criminal
reojo, mirar de — to look out of
   the corner of one's eye
reparo concern, observation
repartir to distribute
repasar to review, look over, go
   over again
repentino, (-a) sudden

repercutir to resound
reprochar to reject, reproach
reproche, *m.* reproach, complaint
resollar to breath heavily
resplandeciente, *adj.* shining,
   resplendent
resplandor, *m.* splendor, brilliance
resquebrado, (-a) cracked
restallar to crack (a whip); to slam
restos, *pl.* remains
resultar to result, to turn out to be
resumir to summarize
retocar to retouch, touch up
retornar to return
retratar to photograph
   —se to be portrayed
retroceder to turn back
reventar to burst
   —se to burst
revés, al — backwards, opposite
revivir to revive, relive
rezongar to grumble, complain
ridículo, (-a), poner en — make
   someone look ridiculous
rigor rigor, severity, harshness
rincón, *m.* corner, nook
rizo curl
rodar to roll; to fall down
rodear to surround
rodilla knee
roer to gnaw
rojo, (-a), *adj.* red
   al — vivo red hot
rollizo, (-a) stocky
ronco, (-a) harsh-sounding
ropero clothes closet
rostro face
rótulo sign
rotundo sonorous, round(ly)
rozar to rub against; to scrape
rubio, (-a) blond
rueda noise
rugoso, (-a) wrinkled, furrowed
ruido noise
rumbo route
   — a going towards

S

saber to know; to know how to
   — a chiste to sound like a joke

sabihondo, (—a) know-it-all
sabino light-complected person
saciar to satiate, satisfy
sacristán, *m.* sacristan, sexton
sacudir to shake
  —se to shake someone off, get
  rid of someone
sala, — de espera waiting room
salida departure
salir to go out, to leave, depart
  — a to turn out to look like
salitre, *m.* saltpeter
salpicar to sprinkle, spray
salto jump
sangre, *f.* blood
santiamén, en un — in a jiffy
santo saint
sarcófago coffin
secante blotting paper
secuestrar to kidnap
sedante sedative
seducir to seduce; to charm
seguido, *p.p. & adv.* next, following;
  often
seguir to follow; to continue
sellar to seal
semblante, *m.* face appearance,
  expression
semejanza resemblance
semita Jew
sempiterno, (-a) everlasting
seña sign, signal
señal, *f.* sign; signal
señalar to point out, to indicate
sepultar to bury; to hide
seso brain
sesudo, (-a) sensible
sien, *f.* temple (of the forehead)
simio ape
simular to pretend, to simulate
sobrar to exceed, to be left over, to
  be more than enough
sobrepasar to surpass
sobrevenir to occur, happen, come
  unexpectedly
sobrevivir to survive
soez, *adj.* coarse
soler to be accustomed or used to
son, *m.*, sin ton ni — without
  rhyme or reason

¿A — de qué? for what purpose?
sonar to sound
  —se to blow one's nose
sondeo investigation
soplar to blow
sorbo sip
sorprender to surprise; to discover
soslayo, de — slanted; oblique; at a
  slant; sideways
sostener to hold, sustain
sótano cellar, basement
suavizar to smooth, to soften
súbitamente suddenly
suceder to happen
sucumbir to succumb, yield
sudor, *m.* sweat
suelo soil, ground; floor
sumiso, (-a) obedient; meek
superficie, *f.* surface
surgir to rise, to appear
suscitar to stir up, provoke
suspicacia distrust
sustraer to remove
  —se a to evade, avoid

T

tabaco cigar
taburete, *m.* stool
taconear to click the heels
tajante, *adj.* violent, abrupt
tallar to carve
tamaño, (-a) so great, so big;
  n., size
taco cuestick
taquera cuestick rack
tardar to delay, to be long (in)
tea torch
techo roof
telaraña spider web
telón, *m.* theater curtain
tembluzco, (-a) trembling
temporada season, period of time
teniente lieutenant
tenis, las — tennis shoes
tergiversado, (-a) twisted, slanted,
  distorted
tergiversar to distort, twist
tertulia social gathering
tibio, (-a) warm

tiburón, *m.* shark
tieso, (-a) rigid
tildar, — de to call, to classify as
timo swindle
tiniebla, tinieblas darkness
tipo type; fellow, guy
tirar to throw; to shoot
tiza chalk
tocar to touch; to play
tocayo namesake
ton, sin — ni son without rhyme or
reason
torcer to twist
torno turnstile
mirar en — to look around
toser to cough
tosesita light cough
trabar to fasten, to clasp
— amistad con alguien to
become friends with someone
— conversación to engage in
conversation
traicionar to betray
traje, *m.* dress; suit
trajinar to go back and forth; to
bustle
trance critical moment
transcurrir to pass
tránsito traffic; passage
trapo rag
tras, *prep.* after
trasero, (-a) rear
trashumante nomadic
trasto household utensil
través, a — de through
travesura mischief, prank
trazo sketch
trecho distance, interval
trenza tress, braid
trepar to climb
trepidar to vibrate
trigueño, (-a) dark-complected
tronera pool table pocket or small
window
tuna prickly pear
turno work shift, turn

U

ufano, (-a) proud

V

vaciar to empty, to drain
vacilar to hesitate; to play around
vaivén, *m.* back and forth
movement
vecinal side, secondary (referring
to roads)
vejiga bladder
vela candle; sail
a toda — under full sail
en — on watch, without sleep
vello fuzz
vellón, *m.* nickel
velorio, *coll.* wake (vigil over a
corpse)
velludo, (-a) hairy
ventisca blizzard, snowstorm
verbo verb, word
vergüenza shame
vericueto rugged, wild place
verja gate
vicioso, (-a) vicious; having bad
habits
vientre, *m.* stomach
vínculo bond
viraje change of direction
vistazo glance
viuda widow
vivaracho, (-a) lively, vivacious
vociferar to shout
volcar to upset
—se to upset, to bounce back
from
voluntarioso, (-a) stubborn
voltear to turn around
volver to return
—a (+ inf.) to do again
vuelta turn; return; reverse side;
change (money returned);
dar vueltas to spin around

Y

yacer to lie

Z

zafacón, *col.* garbage can
zafar to release, set free
—se to slip away

zahorí, *adj.* perspicacious;
   clairvoyant
zángano loafer

zepelín zeppelin
zurda left hand

NTC SPANISH LANGUAGE, CULTURE, AND LITERATURE TEXTS AND MATERIALS

Language and Culture
Spain after Franco: Language in Context
Spanish à la Cartoon

Civilization and Culture
Perspectivas culturales de España
Perspectivas culturales de Hispanoamérica
Una mirada a España
Dos aventureros: De Soto y Coronado

Contemporary Culture—in English
Spain: Its People and Culture
Life in a Spanish Town
Life in a Mexican Town
Welcome to Spain
The Hispanic Way

Literature and Drama
Cuentos puertorriqueños
Literatura moderna hispánica
Teatro hispánico
Teatro moderno hispánico

Text and Audiocassette Learning Packages
Just Listen 'n Learn Spanish
Just Listen 'n Learn Spanish Plus
Practice & Improve Your Spanish
Practice & Improve Your Spanish Plus

Transparencies
Everyday Situations in Spanish

Handbooks and Reference Books
Gramática española: Advanced
  Structures & Language Practice
Tratado de ortografía razonada
Redacte mejor comercialmente
Guide to Correspondence in Spanish
Guide to Spanish Idioms
Complete Handbook of Spanish Verbs
Nice 'n Easy Spanish Grammar
Spanish Verbs and Essentials of Grammar

Dictionaries
Vox New College Spanish and English
  Dictionary
Vox Modern Spanish and English
  Dictionary
Vox Compact Spanish and English
  Dictionary
Vox Everyday Spanish and English
  Dictionary
Vox Traveler's Spanish and English
  Dictionary
Vox Super-Mini Spanish and English
  Dictionary
Diccionario escolar de la lengua
  española (Spanish-Spanish)
Diccionario Básico Norteamericano
Cervantes-Walls Spanish and
  English Dictionary

Plus a large selection of Imported
Paperback Classics

For further information or a current catalog, write:
National Textbook Company
a division of *NTC Publishing Group*
4255 West Touhy Avenue
Lincolnwood, Illinois 60646-1975 U.S.A.